2018年度注册会计师全国统一考试·真题解析丛书

经济法 考点深度解析与应试重点讲解

注册会计师全国统一考试命题深度研究与解析中心 主编

企业管理出版社
ENTERPRISE MANAGEMENT PUBLISHING HOUSE

图书在版编目（CIP）数据

经济法考点深度解析与应试重点讲解 / 注册会计师全国统一考试命题深度研究与解析中心主编. — 北京：企业管理出版社，2017.12

ISBN 978-7-5164-1646-4

Ⅰ.①经… Ⅱ.①注… Ⅲ.①经济法—中国—资格考试—自学参考资料 Ⅳ.①D922.29

中国版本图书馆CIP数据核字（2017）第301070号

书　　名：	经济法考点深度解析与应试重点讲解
作　　者：	注册会计师全国统一考试命题深度研究与解析中心
责任编辑：	聂无逸
书　　号：	ISBN 978-7-5164-1646-4
出版发行：	企业管理出版社
地　　址：	北京市海淀区紫竹院南路17号　　邮编：100048
网　　址：	http://www.emph.cn
电　　话：	总编室（010）68701719　发行部（010）68701816　编辑部（010）68701891
电子信箱：	niewuyi88@sina.com
印　　刷：	北京宝昌彩色印刷有限公司
经　　销：	新华书店
规　　格：	787毫米×1092毫米　16开本　11.75印张　208千字
版　　次：	2018年1月第1版　2018年1月第1次印刷
定　　价：	36.00元

版权所有　翻印必究·印装错误　负责调换

前言

注册会计师考试（简称"CPA考试"）是根据《中华人民共和国注册会计师法》设立的职业资格考试，是国内目前公认难度最大、也是含金量最高的职业资格考试之一。

备战CPA考试是一个自我磨砺与提升的过程，通过率历来都比较低，但每年都有很多考生一次通过三门甚至更多，同时也有不少考生每每徘徊在58分、59分，与注册会计师证书只有一步之遥。如何有效备战CPA考试，每个人都有自己的心得体会，而研习历年真题则是每个考生的"必经之路"。

历年真题是质量最高的考试模拟，通过练习真题，我们能够更好把握考试重点、出题思路、考试难度和题型题量。可以说，历年真题是CPA考生的必备法宝。

为让更多考生能够顺利通过考试，有关专家们抓住2018年考试的核心考点，全面解析、突出重点，在过去真题详解的基础上增加了2017年注册会计师考试真题及解析的相关内容，以凸显内容的针对性。在本书中，我们紧扣CPA考试大纲和教材要求，并根据以往的命题规律，结合最新财税政策，进行详细而准确的解答。考生应当在学习完成所有考试知识点并针对性地完成相应章节练习题之后，在较全面的知识框架体系基础上进行历年真题的套题训练。

对历年真题的运用，我们提出以下建议：

（1）最近几年尤其是最近三年的真题具有重要意义，要充分重视。近三年真题展现了考试命题趋势与风格变化。考生朋友的备考时间无论再紧迫，建议您至少要完成最近三年的真题练习并及时总结经验和教训。

（2）切忌不定时、零碎化练习。CPA考试有严格的时间限制，知识点的考核难度不是很大，但要求熟练地掌握，考生想要在有限时间内高效完成考试离不开平时的规范练习，就真题训练而言，必须杜绝不定时、不完整的零碎化练习，一套真题需要定时且完整地完成，尤其是要克服只愿练习选择题而不做大题的犯懒心态，同时，我们建议您最好是在电脑上用计时器倒计时并在 Word 等软件上进行答案编辑，这样训练的效果会更好。

（3）寻找自己最有效率的做题顺序。不同的考生对做题顺序有不同偏好，部分考生认为简答题和综合题的难度不大且分值较高，从而选择先做简答题和综合题再做选择题，也有部分考生认为选择题的错误率高且对通过考试具有重要意义，从而选择按照试题顺序做题。这两种做题顺序不存在绝对的好与坏，更重要的是个人习惯，因此我们建议考生最少对两种做题顺序都分别进行至少一套真题的练习，在规定的时间内完成后，对比两种顺序下的做题效果。

（4）真题练习不宜过早。真题练习的时间非常重要，切忌过早进行真题的套题训练，一般在考试前半个月内进行练习比较好，一方面可以对知识点进行查漏补缺，另一方面可以保持真题训练的"最佳手感"与考试状态，过早练习不利于复习和激发考试临境感。

（5）反复练习真题，不要过多关注模拟题。真题的价值远远高于模拟题，非常值得考生反复练习，考试可以建立自己的错题本，错误的题目可以立马重复做几遍，达到一看就会一做就对的效果，这往往比隔段时间再做一遍会更有效果；时间紧急的情况下果断放弃模拟题而选择历年真题，时间充裕的情况下也不宜过多关注模拟题。

CPA 考试难度较大，每年通过率较低，对考生的基本知识掌握情况有很高的要求，也需要考生有较好的应试技巧与备考心态。无论是对于专业考生还是零基础考生而言，备战 CPA 考试都是一个比较漫长的道路，需要提前做准备，企图靠临时冲刺来通过此门考试基本是不可能的。所以，对于 CPA 考试，我们为考生朋友提供如下备考建议：

首先，进行全面学习和知识点的巩固练习，这是最为重要的阶段。以中国注册会计师协会指定的教材为核心并结合相关考试资料，在八月下旬之前将各科知识过一遍，每一科目学完一章后要及时完成相应知识点练习。在第一次过课本时要将知识点全部覆盖到，同时建立起知识框架，进行知识点的总结，切忌赶速度而不顾质量；经济法、公司战略、审计等强调记忆的学科需要在第一遍学习时就有意识地记忆；值得注意的是，每章知识点学习完成后最好配合相应的巩固和练习，要有适当的练习量，光学知识点而不做题目很可能带来极低的成效。

其次，从八月下旬开始，主要以做套题为主，同时，需要记忆的科目要加强知识点的记忆和巩固。这个阶段的主要工作就是在做历年真题的同时回到课本中复习相应的知识点，精确理解知识点，在第一阶段框架的基础上进行填充细节的工作，此时特别要注意做题时求精不求多，要善于总结归纳。审计、经济法、公司战略这几个科目需要熟练记忆，在该阶段要加强理解，并进行背诵与反复回顾。

"宝剑锋从磨砺出、梅花香自苦寒来。"CPA考试没有捷径，只有一步一个脚印、踏踏实实复习备战，才有可能顺利通过考试。最后预祝广大考生们取得好成绩！

由于编者水平和时间的限制，本套真题解析可能多有疏漏，敬请读者批评指正。

编者
2017年12月

目录

2017 年度注册会计师全国统一考试·经济法考试真题 …………………………… 1

2017 年度注册会计师全国统一考试·经济法考试真题
　　参考答案深度全面解析与应试重点 ………………………………………… 15

2016 年度注册会计师全国统一考试·经济法考试真题 …………………………… 30

2016 年度注册会计师全国统一考试·经济法考试真题
　　参考答案深度全面解析与应试重点 ………………………………………… 44

2015 年度注册会计师全国统一考试·经济法考试真题 …………………………… 61

2015 年度注册会计师全国统一考试·经济法考试真题
　　参考答案深度全面解析与应试重点 ………………………………………… 73

2014 年度注册会计师全国统一考试·经济法考试真题（A 卷）………………… 88

2014 年度注册会计师全国统一考试·经济法考试真题（A 卷）
　　参考答案深度全面解析与应试重点 ………………………………………… 102

2014 年度注册会计师全国统一考试·经济法考试真题（B 卷）………………… 119

2014 年度注册会计师全国统一考试·经济法考试真题（B 卷）
　　参考答案深度全面解析与应试重点 ………………………………………… 132

2013 年度注册会计师全国统一考试·经济法考试真题 …………………………… 149

2013 年度注册会计师全国统一考试·经济法考试真题
　　参考答案深度全面解析与应试重点 ………………………………………… 163

2017年度注册会计师全国统一考试·经济法考试真题

一、单项选择题

1. 下列关于法律规范与法律条文关系的表述中，正确的是（　　）。
   A. 法律规范是法律条文的表现形式
   B. 法律规范等同于法律条文
   C. 法律规范与法律条文一一对应
   D. 法律条文的内容除法律规范外，还包括法律原则等法律要素

2. 根据对外贸易法律制度的规定，负责决定征收反倾销税的机构是（　　）。
   A. 财政部
   B. 商务部
   C. 国家税务总局
   D. 国务院关税税则委员会

3. 甲股份有限公司成立于2017年1月5日。公司章程规定，股东乙以其名下的一套房产出资。乙于1月7日将房产交付给公司，但未办理权属变更手续。5月9日，股东丙诉至人民法院，要求乙履行出资义务。5月31日，人们法院责令乙于10日内办理权属变更手续。6月6日，乙完成办理权属变更手续。根据公司法律制度的规定，乙享有股东权利的起始日期是（　　）。
   A. 1月7日
   B. 1月5日
   C. 6月6日
   D. 5月31日

4. 甲上市公司上一期经审计的净资产额为50亿元人民币。甲公司拟为乙公司提供保证担保，担保金额为6亿元，并且经过董事会会议决议通过。甲公司的公司章程规定，单笔对外担保额超过公司最近一期经审计净资产10%的担保必须经公司股东大会批准。根据证券法律的规定，甲公司披露该笔担保的最早时点应当是（　　）。
   A. 甲公司股东大会就该笔担保形成决议时
   B. 甲公司董事会就该笔担保形成决议时
   C. 甲公司与乙公司的债权人签订保证合同时
   D. 证券交易所核准同意甲公司进行担保时

5. 甲、乙双方签订买卖合同，约定甲支付货款一周后乙交付货物。甲未在约定日期付款，却请求乙交货。根据合同法律制度的规定，对于甲的请求，乙可以行使的抗辩权是（　　）。

　　A. 不安抗辩权　　　　　　　　B. 先诉抗辩权
　　C. 不履行抗辩权　　　　　　　D. 先履行抗辩权

6. 根据涉外投资法律制度的规定，境外公司股东以股权作为支付手段并购境内公司的，该境外公司及其管理层最近一定年限内应未受到监管机构的处罚。该一定年限是（　　）。

　　A. 2年　　　　　　　　　　　　B. 1年
　　C. 4年　　　　　　　　　　　　D. 3年

7. 某普通合伙企业合伙人甲死亡，其未成年子女乙、丙是其全部合法继承人。根据合伙企业法律制度的规定，下列表述中，正确的是（　　）。

　　A. 乙、丙可以继承甲的财产份额，但不能成为合伙人
　　B. 乙、丙因继承甲的财产份额自动取得合伙人资格
　　C. 经全体合伙人一致同意，乙、丙可以成为有限合伙人
　　D. 应解散合伙企业，清算后向乙、丙退还甲的财产份额

8. 国有资产监督管理机构负责审核国家出资企业的增资行为。其中，因增资致使国家不再拥有所出资企业控股权的，须由国有资本监督管理机构报特定主体批准。该特定主体是（　　）。

　　A. 上级人民政府
　　B. 本级人民政府
　　C. 国家出资企业所在地省级人民政府
　　D. 上级国有资产监督管理机构

9. 下列关于中外合资经营企业的组织形式和组织结构的表述中，符合涉外投资法律制度规定的是（　　）。

　　A. 合营企业的组织形式为有限责任公司的，股东会是其最高权力机构
　　B. 合营企业的组织形式可以为有限责任公司，也可以为合伙企业或股份有限公司
　　C. 合资股份公司的组织结构应按照《公司法》关于股份公司组织结构的规定办理
　　D. 总经理是合营企业的法定代表人

10. 根据公司法律制度的规定，股份有限公司以超过股票票面金额的价格发行股份所得的溢价款，应当列为（ ）。

　　A. 盈余公积金　　　　　　B. 未分配利润

　　C. 法定公积金　　　　　　D. 资本公积金

11. 根据我国反垄断执法机构的职责分工，负责不涉及价格的滥用行政权力排除、限制竞争行为的执法工作的机构是（ ）。

　　A. 国家工商总局

　　B. 商务院

　　C. 国务院反垄断委员会

　　D. 国家发展改革委

12. 甲盗用乙的身份证，以乙的名义向丙公司出资。乙被记载于丙公司股东名册，并进行了工商登记，但直至出资期限满仍未履行出资义务。根据公司法律制度的规定，下列关于出资责任承担的表述中，正确的是（ ）。

　　A. 乙承担出资责任

　　B. 甲承担出资责任

　　C. 乙首先承担出资责任，不足部分再由甲补足

　　D. 甲、乙对出资承担连带责任

13. 根据合伙企业法律制度的规定，下列关于普通合伙企业合伙人的表述中，正确的是（ ）。

　　A. 非法人组织不能成为合伙人

　　B. 国有企业不能成为合伙人

　　C. 限制民事行为能力的自然人可以成为合伙人

　　D. 公益性社会团体可以成为合伙人

14. 根据物权法律制度的规定，下列关于物的种类的表述中，正确的是（ ）。

　　A. 海域属于不动产

　　B. 文物属于禁止流通物

　　C. 金钱属于非消耗物

　　D. 牛属于可分割物

15. 甲、乙、丙三人拟设立一有限责任公司。在公司设立过程中，甲在搬运为公司购买的办公家具时，不慎将丁撞伤。根据公司法律制度的规定，下列关于对丁的侵权责任承担的表述中，正确的是（ ）。

　　A. 若公司未成立，丁仅能请求甲承担该侵权责任

　　B. 若公司成立，则由公司自动承受该侵权责任

　　C. 若公司未成立，丁应先向甲请求赔偿，不足部分再由乙、丙承担

　　D. 无论公司是否成立，该侵权责任应由甲、乙、丙共同承担

16. 根据合同法律制度的规定，下列关于法定抵销权性质的表述中，正确的是（ ）。

　　A. 支配权　　　　　　　B. 请求权
　　C. 抗辩权　　　　　　　D. 形成权

17. 根据企业国有资产法律制度的规定，在选择国有资本控股公司的企业管理者时，履行出资人职责的机构所享有的权限是（ ）。

　　A. 任免企业的董事长、副董事长、董事和监事

　　B. 任免企业的经理、副经理

　　C. 任免企业的财务负责人和其他高级管理人员

　　D. 向企业的股东会或股东大会提出董事、监事人选

18. 某普通合伙企业合伙人甲因个人借款，拟将其合伙财产份额质押给债权人乙。根据合伙企业法律制度的规定，为使该质押行为有效，同意质押的合伙人人数应当是（ ）。

　　A. 超过全体合伙人的三分之二

　　B. 超过全体合伙人的二分之一

　　C. 全体合伙人

　　D. 超过全体合伙人的四分之三

19. 根据民事法律制度的规定，下列关于附条件民事法律行为所附条件的表述中，正确的是（ ）。

　　A. 既可以是将来事实，也可以是过去事实

　　B. 既可以是人的行为，也可以是自然现象

　　C. 既可以是确定发生的事实，也可以是不确定发生的事实

D. 既包括约定事实，也包括法定事实

20. A 公司因急需资金，将其作为收款人的一张已获银行承兑的商业汇票背书转让给 B 公司。汇票票面金额为 50 万元，B 公司向 A 公司支付现金 42 万元作为取得该汇票的对价。根据票据法律制度的规定，下列关于 A 公司背书行为效力及其理由的表述中，正确的是（   ）。

A. 背书行为有效，因为该汇票已获银行承兑

B. 背书行为有效，因为 A 公司是票据权利人

C. 背书行为无效，因为不具有真实的交易关系

D. 背书行为无效，因为 B 公司支付的对价过低

21. 根据企业破产法律制度的规定，下列各项中，免于申报的破产债权是（   ）。

A. 社会保障债权

B. 税收债权

C. 对债务人特定财产享有担保权的债权

D. 职工劳动债权

22. 境外甲私募基金与境内乙有限责任公司拟合作设立丙有限合伙企业，在境内经营共享充电宝项目。其中，甲为有限合伙人，乙为普通合伙人。根据合伙企业法律制度的规定，下列关于设立丙有限合伙企业须遵守的相关规定的表述中，正确的是（   ）。

A. 应当由乙负责办理审批手续

B. 甲出资的货币应当是人民币

C. 应当领取《外商投资合伙企业营业执照》

D. 应当向商务主管部门申请设立登记

23. 某上市公司 2013 年 5 月发行 5 年期公司债券 1000 万元、3 年期公司债券 1500 万元。2017 年 1 月，该公司鉴于到期债券已偿还且具备再次发行债券的其他条件，计划再次发行公司债券。经审计，确认该公司 2016 年 12 月末净资产额为 9000 万元。根据证券法律制度的规定，该公司此次发行公司债务的最高限额是（   ）。

A. 2700 万元   B. 3600 万元

C. 1700 万元   D. 2600 万元

24. 朋友 6 人共同出资购买一辆小汽车，未约定共有形式，且每人的出资额也不能确定。部分共有人欲对外转让该车。为避免该转让成为无权处分，在没有其他约定的情况下，根据物权法律制度的规定，同意转让的共有人至少应当达到的人数是（   ）。

A. 4 人　　　　　　　　　　B. 3 人
C. 6 人　　　　　　　　　　D. 5 人

二、多项选择题

1. 下列各项中，属于法人的有（   ）。
A. 北京大学
B. 中华人民共和国最高人民法院
C. 中国人民保险集团股份有限公司
D. 中国注册会计师协会

2. 根据外汇管理法律制度的规定，下列各项中，纳入外债管理的有（   ）。
A. 境外发债
B. 境外借款
C. 境内机构对外担保
D. 国际融资租赁

3. 根据证券法律制度的规定，下列各项中，属于债券受托管理人应当召集债券持有人会议的情形有（   ）。
A. 发行人不能按期支付本息
B. 拟变更债券募集说明书的约定
C. 发行人拟增加注册资本
D. 担保物发生重大变化

4. 根据支付结算法律制度的规定，下列关于国内信用证（简称信用证）的表述中，正确的有（   ）。
A. 信用证与作为其依据的买卖合同相互独立
B. 信用证具有融资功能
C. 开证行可以单方修改或撤销信用证

D.受益人可以将信用证的部分权利转让给他人

5.赠与合同履行后，受赠人有特定忘恩行为时，赠与人有权撤销赠与合同。根据合同法律制度的规定，下列各项中，属于此类忘恩行为的有（　　）。

A.受赠人严重侵害赠与人亲属

B.受赠人严重侵害赠与人

C.受赠人不履行赠与合同约定的业务

D.受赠人对赠与人有扶养业务而不履行

6.根据涉外投资法律制度的规定，外国投资者以股权作为支付手段并购境内公司的，所涉及的境内外公司的股权应符合特定条件。下列各项中，属于该特定条件的有（　　）。

A.无所有权争议

B.股东合法持有并依法可以转让

C.境外公司股权如挂牌交易的，最近3年交易价格稳定

D.没有设定质押及任何其他权利限制

7.甲有限责任公司未设董事会，股东乙为执行董事。根据公司法律制度的规定，在公司章程无特别规定的情形下，乙可以行使的职权有（　　）。

A.决定公司的投资计划

B.召集股东会会议

C.决定公司的利润分配方案

D.决定聘任公司经理

8.为消除经营者集中对竞争造成的不利影响，反垄断执法机构可以在批准集中时附加业务剥离的条件。下列关于业务剥离的表述中，符合反垄断法律制度规定的有（　　）。

A.剥离受托人的报酬由剥离义务人支付，监督受托人的报酬由反垄断执法机支付

B.剥离受托人可以是法人和其他组织，也可以是自然人。

C.监督受托人不得披露其在履职过程中向商务部提交的各种报告及相关信息。

D.在受托剥离中，剥离受托人有权以无底价方式出售剥离业务。

9. 下列关于《反垄断法》适用范围的表述中，正确的有（　　）。

A. 只要垄断行为发生在境内，无论该行为是否对境内市场竞争产生排除、限制影响，均应适用《反垄断法》

B. 只要行为人是我国公民或境内企业，无论该行为是否发生在境内，均应适用《反垄断法》

C. 只要行为人是我国公民或境内企业，无论该行为是否对境内市场竞争产生排除、限制影响，均应适用《反垄断法》

D. 只要垄断行为对境内市场竞争产生排除、限制影响，无论该行为是否发生在境内，均应适用《反垄断法》

10. 根据证券法律制度的规定，下列关于证券大宗交易系统的表述中，正确的有（　　）。

A. 大宗交易的交易时间为交易日的 15:00-15:30

B. 目前只有上海证券交易所建立了大宗交易系统

C. 买方和卖方就大宗交易达成一致后，自行交易，无须交易所确认

D. 买方和卖方可以就大宗交易的价格和数量等要素进行议价协商

11. 根据企业国有资产法律制度的规定，下列各项中，属于国务院和地方人大政府依法履行出资人职责时应遵循的原则有（　　）。

A. 保护消费者合法权益

B. 政企分开

C. 社会公共管理职能与企业国有资产出资人能分开

D. 不干预企业依法自主经营

12. 甲、乙和丙设立某普通合伙企业，从事餐饮服务，2017 年 6 月 5 日，甲退伙；6 月 10 日，丁入伙。6 月 9 日，合伙企业经营的餐厅发生卡式燃气炉灼伤顾客戊的事件，需要支付医疗费用等总计 45 万元，经查，该批燃气炉系当年 4 月合伙人共同决定购买，其质量不符合相关国家标准。该合伙企业支付 30 万元赔偿后已无赔偿能力。现戊请求合伙人承担其余 15 万元赔偿责任。根据合伙企业法律制度的规定，应承担赔偿责任的合伙人有（　　）。

A. 乙　　　　　　　　　　B. 甲

C. 丁　　　　　　　　　　D. 丙

13. 根据民事法律制度的规定，提起诉讼是中断诉讼时效的法定事由。下列各项中，与提起诉讼具有同等效力。导致诉讼时效中断的有（   ）。

　　A. 申请强制执行

　　B. 申请仲裁

　　C. 在诉讼中主张抵销

　　D. 申请追加当事人

14. 根据合伙企业法律制度的规定，下列有限合伙人的行为中，视为执行合伙事务的有（   ）。

　　A. 参与决定转让合伙企业的知识产权

　　B. 参与决定普通合伙人退伙

　　C. 参与决定合伙企业为第三人提供担保

　　D. 对合伙企业的经营管理提出建议

三、案例分析题

1. A公司是一家拥有200多名职工的中型企业。自2015年年底开始，A公司生产经营停滞，无力偿还银行贷款本息，并持续拖欠职工工资，2017年1月，A公司20名职工联名向人民法院提出对A公司的破产申请，人民法院认为该20名职工无破产申请权，做出不予受理的裁定。2017年2月，A公司的债权人B银行向人民法院申请A公司破产，A公司提出异议称，A公司账面资产总额超过负债总额，并未丧失清偿能力。在此情形下，人民法院召集A公司和B银行代表磋商偿还贷款事宜，但A公司坚持要求B银行再给其半年还款缓冲期，争取恢复生产，收回贷款后再清偿贷款，B银行则要求A公司立即清偿债务，双方谈判破裂。人民法院认为，A公司的抗辩异议不成立，于5日后做出受理破产申请的裁定，并指定了破产管理人。在管理人接管A公司，清理财产和债权债务期间，发生如下事项：

（1）C公司欠A公司的20万元贷款到期，C公司经理在得知A公司进入破产程序的情况下，因被A公司经理收买，直接将贷款交付A公司财务人员。A公司财务人员收到贷款后，迅速转交给A公司的股东。

（2）A公司未经管理人同意，擅自向其债权人D公司清偿10万元债务，A公司此前为担保该笔债务而以市值50万元的机器设备设定抵押，也因此解除。管理人清理债权债务时还发现，A公司的部分财产已在破产申请受理前发生的多宗民事诉讼案件中被人民法院采取保全措施或者已进入强制执行程序。

根据上述内容，分别回答下列问题：

（1）人民法院认为A公司20名职工无破产申请权，是否符合企业破产法律制度的规定？并说明理由。

（2）人民法院驳回A公司的抗辩异议，是否符合企业破产法律制度的规定？并说明理由。

（3）根据企业破产法律制度的规定，C公司向A公司财务人员交付20万元贷款的行为是否产生债务清偿效果？并说明理由。

（4）根据企业破产法律制度的规定，A公司向D公司的清偿行为是否应当认定为无效？并说明理由。

（5）根据企业破产法律制度的规定，A公司破产申请受理前人民法院对其部分财产所采取的保全措施以及强制执行程序，应如何处理？

2.甲股份有限公司（简称"甲公司"）于2015年3月1日在深圳证券交易所（简称"深交所"）首次公开发行股票并上市（简称"IPO"），2016年1月，中国证监会（简称"证监会"）接到举报称，甲公司的招股说明书中有财务数据造假行为。证监会调查发现，在甲公司IPO过程中，为减少应收账款余额，总会计师赵某经请示董事长钱某同意后，令公司财务人员通过外部借款、使用自由资金或伪造银行单据等手段,制造收回应收账款的假象。截至2014年12月31日,甲公司通过上述方法虚减应收账款3.5亿元。证监会调查还发现:2015年12月,甲公司持股90%的子公司乙有限责任公司(简称"乙公司")的总经理孙某,向公安机关投案自首,交代了其本人擅自挪用乙公司贷款5600万元用于个人期货交易和偿还个人债务,导致5000万元无法归还的违法事实。孙某的违法行为造成乙公司巨额损失。公安机关立案后,将案情通报甲公司董事长钱某,由于乙公司是甲公司的主要利润来源之一,故甲公司利润也因此遭受巨大减损。董事长钱某,要求甲公司和乙公司的知情人员对孙某挪用公司资金案的情况严格保密。2016年1月,在未对孙某造成的巨额损失做账务处理的情况下(如果对该损失做账务处理,乙公司2015年底累计未分配利润应为负数),乙公司股东会会议通过了2015年年度利润分配决议,向甲公司和另一股东丙公司分别派发股利4500万元和500万元。2016年3月,甲公司收到乙公司支付的2015年度股利4500万元。2016年7月1日,证监会认定:甲公司制造应收账款回收假象,在IPO申请文件中提供虚假财务数据,构成欺诈发行;甲公司未及时披露乙公司总经理孙某挪用公款一案的相关信息,构成上市后在信息披露文件中遗漏重大事项。为此,证监会决定对甲公司以及包括董事长钱某在内的7名董事、3名监事、总经理李某、总会计师赵某、甲公司保荐人等做出行政处罚。

甲公司独立董事王某对证监会的处罚不服,提出行政复议申请,理由是:本人并不了解会计知识,无法发现财务造假。同年7月3日,深交所决定暂停甲公司股票上市。同年7月12日,由于乙公司不能清偿其对丁银行的到期债务,丁银行向人民法院提起诉讼,请求人民法院认定甲公司通过违规分红抽逃出资,判令甲公司在4500万元本息范围内对乙公司债务不能清偿的部分承担补充赔偿责任。同年7月15日,已连续7个月持有甲公司1.01%股份的股东周某,直接以自己的名义,对包括董事长钱某在内的7名董事提起诉讼,请求法院判令7名被告赔偿甲公司因缴纳证监会罚款而产生的500万元损失。2017年4月15日,深交所做出终止甲公司股票上市的决定

根据上述内容,分别回答下列问题。

(1)甲公司应否对乙公司总经理孙某挪用公款事件履行信息披露义务?并说明理由。

(2)甲公司独立董事王某的行政复议申请理由是否成立?并说明理由。

(3)深交所决定暂停甲公司股票上市是否符合证券法律制度的规定?并说明

理由。

（4）丁银行请求人民法院认定甲公司抽逃出资，判令甲公司在4500万元本息范围内承担补充赔偿责任，人民法院是否应予支持？并说明理由。

（5）对于周某直接以自己名义提起的诉讼，人民法院应否受理？并说明理由。

（6）深交所对甲公司做出终止股票上市决定，是否符合证券法律制度的规定？并说明理由。

3.甲公司为支付货款，向乙公司签发一张以A银行为承兑人、金额为100万元的银行承兑汇票。A银行作为承兑人在汇票票面上签章，甲公司的股东郑某在汇票上以乙公司为被保证人，进行了票据保证的记载并签章。甲公司将汇票交付给乙公司工作人员孙某。孙某将该汇票交回乙公司后，利用公司财务管理制度的疏漏，将汇票暗中取出，并伪造乙公司财务专用章和法定代表人签章，将汇票背书转让给与其相互串通的丙公司。丙公司随即将该汇票背书转让给丁公司，用于支付房屋租金，丁公司对于孙某伪造汇票之事不知情。丁公司于汇票到期日向A银行提示付款。A银行在审核过程中发现汇票上的乙公司签章系伪造，故拒绝付款。丁公司遂向丙公司、乙公司和郑某追索，均遭拒绝。后丁公司知悉孙某伪造汇票之事，遂向其追索，亦遭拒绝。

根据上述内容，分别回答下列问题：

（1）丁公司能否因丙公司的背书转让行为而取得票据权利？并说明理由。

（2）乙公司是否应当向丁公司承担票据责任？并说明理由。

（3）郑某是否应当向丁公司承担票据责任？并说明理由。

（4）孙某是否应当向丁公司承担票据责任？并说明理由。

4. 2016年4月4日，甲公司从乙银行借款80万元，用于购置A型号自行车1000辆，借款期限自2016年4月4日至2016年6月4日，并以价值90万元的自有房屋一套为乙银行设定抵押，同时，乙银行与丙公司签订书面保证合同，约定丙公司为甲公司的借款承担连带保证责任。因自行车价格上调，甲公司于4月5日，又向乙银行追加借款20万元，借款期限自2016年4月5日至2016年6月4日。4月7日，甲公司与自行车生产商丁公司正式签署买卖合同。合同约定："丁公司为甲公司提供A型号自行车1000辆，总价100万元，甲公司应于4月9日、4月20日分别支付价款50万元，丁公司应于4月16日、4月27日分别交付A型号自行车500辆。"双方未就自行车质量问题做出约定。4月9日，甲公司向丁公司支付第一期自行车价款50万元。4月16日，丁公司交付A型号自行车500辆。甲公司在验货时发现该批自行车存在严重质量瑕疵，非经维修无法符合使用要求。4月18日，甲公司表示同意收货，但要求丁公司减少价款，被丁公司拒绝。理由是：第一，双方未就自行车的质量要求做出约定；第二，即使自行车存在质量问题，甲公司也只能就质量问题导致的损失要求赔偿。4月20日，丁公司请求甲公司支付第二期自行车价款50万元，甲公司调查发现，丁公司经营状况严重恶化，可能没有能力履行合同，遂告知丁暂不履行合同并要求丁在15天内提供具有足够履约能力的保证，丁公司未予理会。5月6日，丁公司发函告知甲公司：如果再不付款，将向人民法院起诉甲公司违约。甲公司收到函件后，了解到丁公司经营状况继续恶化，便通知丁公司解除未交付的500辆自行车买卖合同。

5月20日，甲公司隐瞒已受领的500辆自行车的质量瑕疵，将该批自行车以30万元卖与戊公司，约定6月30日付款交货。5月25日，庚公司告知甲公司，愿以35万元购买上述500辆自行车。5月30日，甲公司以自己隐瞒质量瑕疵为由，主张撤销与戊公司之间的买卖合同。6月4日，甲公司无力偿还乙银行两笔贷款，乙银行考虑到拍卖抵押房屋比较繁琐，遂直接要求丙公司还贷，被丙公司拒绝。

根据上述内容，分别回答下列问题：

（1）甲公司是否取得已受领自行车的所有权？并说明理由。

（2）甲公司是否有权要求减少价款？并说明理由。

（3）甲公司中止履行向丁公司支付第二期自行车价款的义务，是否构成违约？说明理由。

（4）甲公司是否有权就未交付的自行车解除合同？并说明理由。

（5）甲公司是否有权撤销与戊公司买卖合同？并说明理由。

（6）乙银行是否有权要求丙公司偿还第一笔贷款？并说明理由。

（7）乙银行是否有权要求丙公司偿还第二笔贷款？并说明理由。

2017年度注册会计师全国统一考试·经济法考试真题参考答案深度全面解析与应试重点

一、单项选择题

1.【参考答案】D

【本题考点】法律规范的构成要素

【答案解析】法律条文是法律规范的文字表现形式,与法律条文并不是完全等同,故A、B错误;一个法律规范可能通过多个法律条文呈现出来,一个法律条文也可能体现了多个法律规范的要求,法律规范与法律条文并非一一对应,故C错误。答案选D。

2.【参考答案】D

【本题考点】反倾销措施的负责机构

【答案解析】财政部不参与反倾销税的征收,A错误;商务部仅仅有权提出征收反倾销税的建议,而不能做出最终决定,B错误;反倾销税的征收决定由国务院关税税则委员会负责而不是税务总局,故C错误,D正确。

3.【参考答案】A

【本题考点】股东出资的相关规定

【答案解析】根据规定,出资人以房屋、土地使用权或者需要办理权属登记的知识产权等财产出资,已经交付公司使用但是未办理权属变更手续的,公司、其他股东或者公司债权人主张认定出资人未履行出资义务的,人民法院应当责令当事人在指定的合理期间内办理权属变更手续。在合理期间内办理完成权属变更手续的,人民法院应当认定其已经履行了相关出资义务;出资人主张其自实际交付财产给公司使用时享有相应股东权利的,人民法院应予支持。在本题中,乙于6月6日(在人民法院规定的合理期限内)完成办理权属变更登记手续,可以自实际交付财产给公司使用之日(1月7日)起享有股东权利,故选A。

4.【参考答案】B

【本题考点】上市公司信息披露

【答案解析】本题中,上市公司对外提供的单笔担保金额超过了上一期经审计净资产额的 10%，构成重大担保，而对外提供重大担保作为重大事件，应当在最先发生的以下任一时点及时履行重大事件的信息披露义务：董事会或者监事会就该事件形成决议时；有关各方就该重大事件签署意向书或者协议时；董事、监事或者高级管理人员知悉该重大事件发生并报告时。故最早应当在董事会就该笔担保形成决议时披露，选项 B 正确。

5.【参考答案】D

【本题考点】双务合同各方的抗辩权

【答案解析】先履行抗辩权是指双务合同的当事人互负债务，且有先后履行顺序，先履行一方未履行的，后履行一方有权拒绝其履行要求。先履行一方履行债务不符合规定的，后履行一方有权拒绝其相应的履行要求。在本题中，甲作为先履行一方未在约定日期履行义务，乙可以行使先履行抗辩权。选项 D 正确。

【易错点】注意先诉抗辩权和先履行抗辩权的区分，先诉抗辩权是指债务的一般保证人可以在债权人向主债务人主张债权之前拒绝其提出的偿债请求。

6.【参考答案】D

【本题考点】外国投资者并购境内企业

【答案解析】外国投资者以股权作为支付手段并购境内公司的，境外公司应当合法设立并且其注册地具有完善的公司法律制度，且公司及其管理层最近 3 年来未受到监管机构的处罚。值得考生总结的是，《证券法》中对境内上市公司收购的收购人也有类似的"3 年"规定：最近 3 年有重大违法行为或涉嫌有重大违法犯罪行为的，或者最近 3 年有严重证券市场失信行为的均不得收购上市公司。

7.【参考答案】C

【本题考点】普通合伙企业合伙人的退伙

【答案解析】普通合伙企业的合伙人死亡或者被依法宣告死亡的，对该合伙人在合伙企业中的财产份额享有合法继承权的继承人按照合伙协议的约定或者经过全体合伙人一致同意，从继承之日起，取得该合伙企业的合伙人资格；普通合伙人的继承人为无民事行为能力人或者限制民事行为能力人的，经全体合伙人一致同意，可以依法成为有限合伙人，普通合伙企业依法转为有限合伙企业；全体合伙人未能一致同意的，应当将该合伙人的财产份额退还给其继承人。本题中，普通合伙人的未成年子女为无民事行为能力人或限制民事行为能力人，因此，经全体合伙人一致同意，可以成为有限合伙人。

8.【参考答案】B

【本题考点】国家出资企业的增资管理

【答案解析】国有资产监督管理机构负责审核国家出资企业的增资行为。其中，因增资致使国家不再拥有所出资企业控制权的，必须由国有资产监管机构报本级人民政府批准。

9.【参考答案】C

【本题考点】外商投资企业的组织形式和组织机构设置

【答案解析】合营企业的组织形式为有限责任公司或者股份有限公司，中外合资股份有限公司是合营企业的一种，是按照股份有限公司形式组织的合营企业；合营企业不设置股东会，董事会是其最高权力机构，董事长是合营企业的法定代表人，故A、B、C均错误。答案C正确。

10.【参考答案】D

【本题考点】企业公积金

【答案解析】公积金包括盈余公积金与资本公积金。盈余公积金是由企业当年所获净利润产生，包括法定公积金与任意公积金两类，发行股票所产生的溢价与企业经营利润无关，故A、B、C均错误。资本公积金是直接由资本原因形成的公积金，股份有限公司以超过股票票面金额的价格发行股份所得的溢价款以及国务院财政部门规定划入资本公积金的其他收入，应当列为资本公积金。

11.【参考答案】A

【本题考点】反垄断的行政执法

【答案解析】我国反垄断执法机构的规定为：国家工商局负责非价格垄断行为，滥用市场支配地位，滥用行政权力排除、限制竞争方面的反垄断执法工作；国家发改委负责依法查处价格垄断行为；商务部负责经营者集中行为的反垄断审查工作。国务院反垄断执法机构并非执法机构，而是关于反垄断工作的议事协调机构。故A正确，其他答案错误。

12.【参考答案】B

【本题考点】股东出资

【答案解析】如果冒用他人名义出自并将他人作为股东在公司登记机关进行登记的，冒名登记行为人应当承担相应责任；公司、其他股东或者公司债权人以未履行出资义务为由请求被冒名登记的股东承担不足出资责任或者对公司债务不能清偿的部分承担赔偿责任的，人们法院不予支持。因此，在本题中，盗用他人身份证进行冒名登记的股东甲应当承当全部出资责任，选项B正确。

13.【参考答案】B

【本题考点】普通合伙人的身份规定

【答案解析】合伙人可以是自然人、法人或其他组织机构，选项A错误；自然人中的无民事行为能力人与限制民事行为能力人不能成为普通合伙人，选项C错误；国有独资公司、国有企业、上市公司以及公益性质的事业单位、社会团体由于其涉及的利益相关者众多、不具有无限连带责任的承受能力，不能成为普通合伙人，故D错误，选项B正确。

14.【参考答案】A

【本题考点】物的概念与种类

【答案解析】本题考查法律对物的概念与种类规定。文物属于限制流通物而不是禁止流通物，选项B错误；金钱属于消耗物而非不可消耗物，选项C错误；牛是不可分割物，选项D错误；海域、土地、建筑等物体都是不动产，选项A正确。

15.【参考答案】B

【本题考点】公司设立

【答案解析】根据相关规定，在公司的设立过程中，发起人若因设立公司而对他人造成损害，公司成立之后应自动承受该侵权责任，B正确，D错误；公司未成立的，全体发起人应向受害人承担连带责任，公司或者无过错的发起人可以在承担赔偿责任之后向有过错的发起人进行追偿，故A、C错误。

16.【参考答案】D

【本题考点】抵销权

【答案解析】撤销权、抵销权、追认权等均为形成权，其中，抵销权人的抵销通知到达对方时抵销效果生效。选项D正确。

17.【参考答案】D

【本题考点】国家出资企业管理者的选择与考核

【答案解析】根据国家出资企业相关法律规定，在国有资本控股公司、国有资本参股公司中，履行出资人职责的机构对管理者的任免范围为：向股东会、股东大会提出董事、监事人选，选项D正确。A是国有独资公司的情况，B、C是国有独资企业的情况。

18.【参考答案】C

【本题考点】普通合伙人的财产份额转让

【答案解析】根据《中华人民共和国合伙企业法》规定，普通合伙人以其在合伙企业中的财产份额出质的，必须经其他全体合伙人一致同意，未经其他合伙人一致同意，其行为无效，由此给善意第三人造成损失的，由行为人依法承担赔偿责任。选项C正确。

【提示】有限合伙企业中有限合伙人以其在有限合伙企业中的财产份额出质，但是，合伙协议另有约定的除外。

19.【参考答案】B

【本题考点】附条件的法律行为

【答案解析】附条件的法律行为，在所附条件成就之前，法律行为已经"成立"；条件成就之后，法律行为开始"生效"。其中，所附条件，可以是自然现象、事件，也可以是人的行为（必须合法），但必须是双方约定的（选项D错误）将来（选项A错误）有可能发生、有可能不发生的（选项C错误）事实，选项B正确。

20.【参考答案】C

【本题考点】票据行为效力

【答案解析】如果背书行为的基础关系不存在，或者双方不具有真实的交易关系和债权债务关系，则背书行为无效。该规定同样适用于出票行为。A公司因急需资金而将商业汇票背书转让给B，A、B公司之间并没有真实的交易关系，故其背书行为无效，选项C正确。

21.【参考答案】C

【本题考点】破产债权的申报规则

【答案解析】职工债券不必申报：债权人所欠职工的工资和医疗、伤残补助、抚恤费用，所欠的应当划入职工个人账户的基本养老保险、基本医疗保险费用，以及法律、行政法规规定的应当支付给职工的补偿金，不必申报，由管理人调查后列出清单并且予以公示。职工对清单记载有异议的，可以要求管理人更正；管理人不予更正的，职工可以向人们法院提起诉讼。社会保障债权、税收债权、对债务人特定财产享有担保权的债权均需要依法申报。选项C正确。

22.【参考答案】C

【本题考点】合伙企业

【答案解析】外国企业或者个人在中国境内设立合伙企业，应当由合伙人制定的代表或者共同委托的代理人（选项A错误）向国务院工商行政管理部门授权的地方工商行政管理部门（选项D错误）申请设立登记，领取《外商投资合伙企业营业执照》（选项C正确）后方可从事经营活动；同时，外国企业或者个人用于出资的货币可以是可自由兑换的外币也可以是人民币（选项B错误）。答案选C。

23.【参考答案】D

【本题考点】公司债券的公开发行

【答案解析】根据《证券法》对上市公司公开发行债券的规定，本次发行后累计公司债券余额不应当超过最近一期期末净资产额的40%。在本题中，最近一期期末净资产额为9000万元，则本次发行后的数额不得超过9000×40%=3600，截至到2017年1月，该上市公司尚未到期的债券金额为1000万元（2013年5月发行5年期公司债券1000万元），故此次发行公司债券的最高限额为36000-1000=2600，选项D正确。

24.【参考答案】A

【本题考点】共同共有

【答案解析】共有人未对其共有关系进行约定的，除非共有人之间具有家庭关系，否则视为按份共有。除另有约定外，按份共有人处分共有的不动产或者动产，应当经占份额2/3以上（含2/3）的按份共有人同意，未经2/3以上按份共有人同意的，其处分行为无效。本题中，共有人为朋友关系而非家庭关系，故其共有关系为按份共有，对外转让财产时应当经过2/3以上（含2/3）的共有人一致同意，故同意转让的人数至少应为6×2/3=4人。

【提示】一定要注意《证券法》和《公司法》有关数字的具体区间。例如，与"1/2"相关的规定一般不包含"1/2"本身（即大于），与"2/3"相关的规定一般包含"2/3"本身（即大于等于）。

二、多项选择题

1.【参考答案】A、B、C、D
【本题考点】法律关系主体
【答案解析】法律关系的主体包括公民（自然人）、法人和其他组织、国家。其中，法人包括机关法人（选项B）、事业单位法人（选项A）、社会团体法人（选项D）和企业法人（选项C），选项A、B、C、D均正确。

2.【参考答案】A、B、C、D
【本题考点】资本项目外汇管理制度
【答案解析】外债管理的内容包括境外借款、境外发债、国际融资租赁，境内机构对外担保。其中，境内机构对外担保较为特殊，它是一种潜在的外债偿还义务，但也应当纳入外债管理的范围。故选项A、B、C、D均正确。

3.【参考答案】A、B、D
【本题考点】公司债券持有人会议的召开
【答案解析】证券法律制度的相关内容规定，存在以下情形时，债券受托管理人应当召集债券持有人会议：（1）拟变更债券募集说明书的约定；（2）拟修改债券持有人会议规则；（3）拟变更债券受托管理人或者受托管理协议的主要内容；（4）发行人不能按期支付本息；（5）发行人减资、合并、分立、解散或者申请破产；（6）保证人、担保物或者其他偿债保障措施发生重大变化；（7）发行人、单独或者合计持有本期债券总额10%以上的债券持有人书面提议召开；（8）发行人管理层不能正常履行职责，导致发行人债务清偿能力面临严重不确定性，需要依法采取行动的；（9）发行人提出债务重组方案的；（10）发生其他对债券持有人有重大影响的事项。其中需要特别注意的是，第（5）点不包括发行人增资的情况，所以选项C错误，选项A、B、D正确。

4.【参考答案】A、B
【本题考点】国内信用证
【答案解析】国内信用证是指开证银行依照申请人（买方）的申请向受益人（卖方）开出的凭符合信用证条款的单据支付的付款承诺，用于我国国内企业之间的商品交易。信用证独立于买卖合同，选项 A 正确；信用证用于国内企业之间的资金融通，具有融资功能，选项 B 正确。但是，我国信用证是不可撤销、不可转让的跟单信用证，即信用证开具之后，非经信用证各有关当事人（开证银行、开证申请人与受益人）同意，开证银行不得单方修改或者撤销，同时受益人不能将信用证的权利转让给其他人，故选项 C、D 错误。

5.【参考答案】A、B、C、D

【本题考点】赠与合同的撤销

【答案解析】赠与人在赠与财产的权利转移之前可以撤销赠与，但具有救灾、扶贫等社会公益道德义务性质的赠与合同或者经过公证的赠与合同，不得撤销；但是，受赠人有忘恩负义行为时，无论赠与财产的权利是否转移，赠与合同是否具有救灾、扶贫等社会公益、道德义务性质或者经过公证，赠与人或其继承人、法定代理人可以撤销该赠与，这些忘恩负义行为的情形包括：严重侵害赠与人或其近亲属；对赠与人有扶养义务而不履行；不履行赠与合同约定的义务。故选项 A、B、C、D 均正确。

6.【参考答案】A、B、D

【本题考点】外国投资者并购境内企业

【答案解析】外国投资者以股权作为支付手段并购境内公司所涉及的境内外公司的股权，应当符合以下条件：（1）股东合法持有并依法可以转让（选项 B 正确）；（2）无所有权争议且没有设定质押及任何其他权利限制（选项 A、D 均正确）；（3）境外公司的股权在境内公开合法证券交易市场（柜台交易市场除外）挂牌交易（选项 C 错误，对境外公司的股权价格并没有限定）；（4）境内公司的股权最近1年的交易价格稳定。

7.【参考答案】B、D

【本题考点】有限责任公司的董事会

【答案解析】股东会为有限责任公司的必设机构，决定公司的经营方针和投资计划、审议批准公司的利润分配方案和弥补亏损方案是股东会的职权，选项 A、C 错误；董事会（或未设董事会时的执行董事）负责决定公司的经营计划和投资方案，也负责决定公司内部管理机构的设置，决定任聘或解聘公司经理及其报酬事项，选项 B、D 正确。

8.【参考答案】B、C、D

【本题考点】经营者集中附加限制条件批准制度

【答案解析】剥离受托人可以是法人，也可以是自然人，选项B正确；监督受托人和剥离受托人的报酬均由剥离义务人负责支付，选项A错误；监督受托人不得披露其在履职过程中向商务部提交的各种报告及相关信息；在受托剥离中，剥离受托人有权以无底价方式出售剥离业务，选项C、D正确。

9.【参考答案】A、D

【本题考点】《反垄断法》的适用范围

【答案解析】《反垄断法》适用的地域范围：（1）境内经济活动中的垄断行为，适用于《反垄断法》；（2）境外的垄断行为，对境内市场竞争产生排除、限制影响的，适用《反垄断法》；选项A、D正确。在《反垄断法》的地域适用范围规定中，不涉及对行为人的地域范围规定，选项B、C错误。

10.【参考答案】A、D

【本题考点】股票市场结构

【答案解析】股票大宗交易的交易时间为交易日的15点至15点30分，选项A正确；目前，上海和深圳两个证券交易所都已经建立大宗交易系统，并非只有上海交易所建立了大宗交易系统，选项B错误；根据相关规定，证券大宗交易买卖双方的成交申报还应当经过交易所的确认才能最终进行交易，选项C错误；大宗交易的价格与数量由买卖双方协议达成，选项D正确。

11.【参考答案】B、C、D

【本题考点】企业国有资产的监督管理体制

【答案解析】《企业国有资产法》规定，国务院和地方人民政府应当按照政企分开、社会公共职能与企业国有资产出资人职能分开、不干预企业依法自主经营的原则，依法履行出资人职责。保护消费者合法权益并不属于出资人职责内容，故选项A错误，B、C、D正确。

12.【参考答案】A、B、C、D

【本题考点】入伙、退伙后的合伙人责任

【答案解析】根据相关规定，新入伙的普通合伙人应当对其加入之前合伙企业的债务承担无限连带责任，选项C正确；合伙企业不能清偿的到期债务由普通合伙人承担无限连带责任，故普通合伙人乙、丙应当承担赔偿责任，选项A、D正确；普通合伙人退伙以后，应当对基于其退伙之前的原因发生的合伙企业债务承担无限连带责任，本题中，合伙企业债务产生的事由（燃气炉购买决定）发生在普通合伙人甲退伙之前，故普通合伙人甲也应当对该企业债务承担无限连带责任，选项B正确。

【易错点】普通合伙人退伙以后，应当对基于其退伙之前的原因发生的合伙企业债务承担无限连带责任。此处注意是导致合伙企业债务产生的"原因"发生在退伙之前，而不是该债务本身发生在退伙之前。

13.【参考答案】A、B、C、D

【本题考点】诉讼时效中断的事由

【答案解析】根据民法相关制度规定，以下事由导致诉讼时效的中断：（1）提起诉讼；（2）当事人一方提出请求；（3）义务人同意履行义务；（4）其他情形。同时，下列事项与提起诉讼具有同等诉讼时效中断的效力：（1）申请仲裁（选项B）；（2）申请支付令；（3）申请破产、申报破产债权；（4）为主张权利而申请宣告义务人失踪或死亡；（5）申请诉前财产保全、诉前临时禁令等诉前措施；（6）申请强制执行（选项A）；（7）申请追加当事人（选项D）或者被通知参加诉讼；（8）在诉讼中主张抵销（选项C）；（9）其他与提起诉讼具有同等诉讼时效中断的效力，故选项A、B、C、D均正确。

14.【参考答案】A、C

【本题考点】有限合伙企业的事务执行

【答案解析】有限合伙企业由"普通合伙人"执行合伙事务，"有限合伙人"不执行合伙事务，不得对外代表有限合伙企业。但有限合伙人的下列行为，不视为执行合伙企业事务：（1）参与决定普通合伙人的入伙、退伙；（2）对企业的经营管理提出建议；（2）对企业的经营管理提出建议；（3）参与选择承办有限合伙企业审计业务的会计师事务所；（4）获取经审计的有限合伙企业财务会计报告；（5）对涉及自身利益的情况，查阅有限合伙企业财务会计账簿等财务资料；（6）在有限合伙企业中的利益受到侵害时，向有责任的合伙人主张权利或者提起诉讼；（7）执行事务合伙人怠于行使权利时，督促其形式权利或者为了本企业的利益以自己的名义提起诉讼；（8）依法为本企业提供担保。选项B、D不视为执行合伙企业事务，选项A、C视为执行合伙企业事务，选项A、C正确。

三、案例分析题

1.【本题考点】破产的提出与受理

【参考答案及解析】

（1）人民法院认为A公司20名职工无破产申请权符合规定。

理由：根据相关规定，债务人和债权人均能在发生破产原因时提出破产申请，其中，破产企业的职工作为债权人可以申请债务人企业破产或者重整，但职工提出破产申请应当经过职工代表大会或者全体职工会议通过。

本题中，20名职工提出破产申请未经过职工代表大会或者全体职工会议通过，故人民法院认为A公司20名职工无破产申请权，符合企业破产法律制度的规定。

（2）人民法院驳回A公司抗辩异议符合规定。

理由：根据规定，企业法人不能清偿到期债务，并且资产不足以清偿全部债务或者明显缺乏清偿能力即产生破产原因。同时，当债权人申请债务人破产时，债务人以其具有清偿能力或资产超过负债为由提出抗辩异议，但又不能立即清偿债务或与债权人达成和解的，其异议不能成立。

本题中，A公司生产经营停滞，无力偿还银行贷款本息，并持续拖欠职工工资，在被申请破产后，A公司提出异议称其账面资产总额超过负债总额，并未丧失清偿能力。人民法院可以依法驳回。

（3）C公司的清偿不产生清偿效果。

理由：根据规定，人民法院受理破产申请后，债务人的债务人或者财产持有人应当向管理人清偿债务或者交付财产，如其故意违反法律规定向债务人清偿债务或者交付财产，使债权人受到损失的，不免除其清偿债务或者交付财产的义务。

本题中，C公司经理在得知A公司进入破产程序的情况下，因被A公司经理收买，直接将贷款交付A公司财务人员。A公司财务人员收到贷款后，迅速转交给A公司的股东，该清偿不能产生清偿效力。

（4）A公司向D公司的清偿行为不应当认定为无效。

根据规定，人民法院受理破产申请后，债务人对个别债权人的债务清偿无效；但是，债务人以其财产向债权人提供物权担保的，其在"担保物市场价值内"向债权人所作的债务清偿，不受上述规定限制。

本题中，A公司此前用于担保该笔债务的机器设备市值50万元，A公司向其债权人D公司清偿债务金额10万元，在担保物的市场价值之内，符合相关规定。

（5）根据相关规定，人民法院受理破产申请后，有关债务人财产的保全措施应当解除，执行程序应当中止。

2.【本题考点】股票的上市与退市、信息披露、股东出资制度、股东权利义务
【参考答案及解析】
（1）甲公司应履行信息披露义务。

理由：根据规定，上市公司控股子公司发生公司董事、监事、高级管理人员涉嫌违法违纪被有关机关调查或者采取强制措施等重大事件，可能对上市公司证券及其衍生品种交易价格产生较大影响的，上市公司应当履行信息披露义务。

本题中，甲公司持股90%的子公司乙有限责任公司的总经理因擅自挪用贷款给公司造成无法偿还的借款，并导致乙企业的巨额亏损，上市公司应当对此进行披露。

（2）王某的行政复议申请理由不成立。

理由：根据规定，任何下列情形，不得单独作为不予处罚情形认定：①不直接从事经营管理；②能力不足、无相关职业背景；③任职时间短，不了解情况；④相信专业机构或者专业人员出具的意见和报告；⑤受到股东、实际控制人控制或者其他外部干预。

本题中，王某不能以其能力不足、无相关职业背景作为行政复议的申请理由。

（3）暂停甲公司股票上市合法。

理由：根据规定，上市公司因首次公开发行股票申请或者披露文件存在虚假记载、误导性陈述或者重大遗漏，致使不符合发行条件的发行人骗取了发行核准，或者对新股发行定价产生了实质性影响，受到证监会行政处罚，或者上市公司因信息披露文件存在虚假记载、误导性陈述或者重大遗漏，受到证监会行政处罚，并且因违法行为性质恶劣、情节严重、市场影响重大，在行政处罚决定书中被认定构成重大违法行为，或者因涉嫌欺诈发行罪、违规披露、不披露重要信息罪被依法移送公安机关的，证券交易所应当依法做出暂停其股票上市交易的决定。

本题中，甲公司在首次公开发行股票申请的材料中存在欺诈和重大信息披露违法行为并受到证监会的行政处罚，可以对其做出暂停上市交易的决定。

（4）人民法院应予支持。

理由：根据规定，公司债权人请求未履行或者未全面履行出资义务的股东在未出资本息范围内对公司债务不能清偿的部分承担补充赔偿责任的，人民法院应予

支持。

本题中，甲公司因违规分红使得其出资义务未得到完全履行，公司债权人可以要求甲公司对乙公司不能清偿的债务承担补充赔偿责任。

（5）人民法院不应受理。

理由：根据规定，股份有限公司的董事、高级管理人员侵犯公司利益，连续180日以上单独或者合计持有公司1%以上股份的股东可以书面请求"监事会"向人民法院提起诉讼。如果监事会收到股东的书面请求后拒绝提起诉讼，或者自收到请求之日起30日内未提起诉讼，或者情况紧急、不立即提起诉讼将会使公司利益受到难以弥补的损害的，股东有权为了公司的利益以自己的名义直接向人民法院提起诉讼。

本题中，周某事先未按照规定先书面请求监事会向人民法院提起诉讼，人民法院可以拒绝其直接诉讼。

（6）终止股票上市决定符合规定。

理由：根据规定，上市公司因首次公开发行股票申请或者披露文件存在虚假记载、误导性陈述或者重大遗漏，致使不符合发行条件的发行人骗取了发行标准，或者对新股发行定价产生了实质性的影响，受到证监会行政处罚，或者已涉嫌犯罪被移送公安机关而暂停上市后，在证监会做出行政处罚决定或者移送决定之日起1年内，证券交易所应当做出终止其股票上市交易的决定。

本题中，甲公司已经因欺诈和虚假信息披露受到证监会的行政处罚并暂停上市，在此后一年内，证券交易所应当对其做出终止上市交易的决定。

3.【本题考点】票据权利、票据责任

【参考答案及解析】

（1）丁公司取得票据权利。

理由：根据规定，尽管票据的持有人不享有票据权利，但由于其形式上是票据权利人，从"形式上"享有处分权，在其向丁公司背书转让时，受让人可能基于善意取得制度取得票据权利。

在本题中，丙公司与伪造者恶意串通，故其本身不享有票据权利，但由于形式上其拥有票据处分权，故丁公司可以善意取得。

（2）乙公司无需向丁公司承担票据责任。

理由：根据规定，在假冒他人名义的情形下，被伪造人不承担票据责任。

本题中，乙公司签章系伪造产生，乙公司不需要对丁公司承担票据责任。

（3）郑某应当向丁公司承担票据责任。

理由：根据规定，如果被保证人的债务因"形式要件"的欠缺而无效，保证人也不承担票据责任；如果被保证人的债务因"实质要件"的欠缺而无效，则不影响票据保证的效力。

本题中，乙公司的签章被伪造，导致债务因"实质要件"而无效，不影响票据保证的效力，郑某仍然应当向丁公司承担票据责任。

（4）孙某无需向丁公司承担票据责任。

理由：根据规定，由于伪造人没有以自己名义在票据上签章，因此不承担票据责任。

本题中，伪造人孙某没有在票据上签章，不承担票据责任。

4.【本题考点】物权的变动、违约责任、不安抗辩权、无效民事行为、债务的保证

【参考答案及解析】

（1）甲公司已经取得已受领自行车的所有权。

理由：根据规定，除非法律另有规定，动产物权的设立和转让，自"交付"时发生效力。

本题中，自行车已经交付，故甲公司取得所有权。

（2）甲公司有权要求减少价款。

理由：根据规定，当事人履行合同义务，质量不符合约定的，应当按照当事人的约定承担违约责任。对违约责任没有约定或者约定不明确，受损害方根据标的性质以及损失的大小，可以合理选择要求对方承担修理、更换、重作、退货、减少价款或者报酬等违约责任。

本题中，甲公司在验货时发现该批自行车存在严重质量瑕疵，非经维修无法符合使用要求，可以要求减少价款。

（3）甲公司中止履行向丁公司支付第二期自行车价款的义务不构成违约。

理由：根据规定，双务合同中应当先履行义务的一方当事人，有确切证据证明相对人经营状况严重恶化的，可以行使不安抗辩权，中止合同履行。

本题中，甲公司调查发现，丁公司经营状况严重恶化，可能没有能力履行合同，遂告知丁暂不履行合同并要求丁在15天内提供具有足够履约能力的保证，丁公司未予理会。由此，甲公司可以行使不安抗辩权，中止合同履行。

（4）甲公司有权就未交付的自行车解除合同。

理由：根据规定，当事人行使不安抗辩权中止履行的，应当及时通知对方。对方提供适当担保的，应当恢复履行。中止履行后，对方在合理期限内未恢复履行能力并且未提供适当担保的，中止履行的一方可以解除合同。

本题中，甲公司在中止履行合同后，丁公司经营状况继续恶化，并且未提供担保，所以甲公司可以解除合同。

（5）甲公司无权撤销与戊公司的买卖合同。

理由：根据规定，对于因"欺诈"而订立的合同，不损害国家利益的，受损害的一方有撤销权。

本题中，甲公司在于戊公司交易中隐瞒产品质量瑕疵，存在欺诈行为，不享有合同的撤销权。

（6）乙银行无权要求丙公司偿还第一笔贷款。

理由：根据规定，被担保的债权既有债务人自己提供的物的担保又有其他人的担保时，若对于担保的履行顺序没有约定或者约定不明确的，债权人应当先就该物的担保实现债权。

本题中，主债务人甲提供其自有房屋为第一笔借款提供抵押，同时由丙公司提供保证，且当事人对于履行顺序未作约定，故应当先由主债务人以其抵押物清偿债务，乙银行无权要求丙公司清偿。

（7）乙银行无权要求丙公司偿还第二笔贷款。

理由：根据规定，主合同的相关债务内容变更加重保证人负担且未经保证人同意的，对债务加重的部分保证人不承担保证责任。

本题中，甲公司向乙银行追加借款未经得保证人丙公司同意。

2016年度注册会计师全国统一考试·经济法考试真题

一、单项选择题

1. 下列关于法律渊源的表述中，正确的是（　　）。

   A. 全国人大常委会有权部分修改由全国人大制定的基本法律

   B. 部门规章可设定减损公民、法人和其他组织权利或增加其义务的规范

   C. 地方性法规是指地方人民政府就地方性事务制定的规范性法律文件的总称

   D. 除最高人民法院外，其他国家机关无权解释法律

2. 根据企业国有资产管理法律制度的规定，金融企业发生下列情形时，对相关资产应当进行资产评估的是（　　）。

   A. 整体改制为有限责任公司

   B. 县级人民政府批准其所属企业实施无偿划转

   C. 国有独资企业与其下属的独资企业之间的合并

   D. 上市公司可流通的股权转让

3. 根据合伙企业法律制度的规定，下列出资形式中，只能由全体合伙人协商确定价值评估办法的是（　　）。

   A. 劳务

   B. 知识产权

   C. 实物

   D. 土地使用权

4. 根据合伙企业法律制度的规定，合伙企业解散清算时，企业财产首先应当清偿支付的是（　　）。

   A. 所欠税款

   B. 所欠银行借款

   C. 所欠职工工资

   D. 清算费用

5.甲公司注册资本为700万元,公司当年税后利润300万元,法定公积金累计额310万元。公司无亏损。根据公司法律制度的规定,甲公司当年应提取的法定公积金金额是(　　)万元。

A.40
B.30
C.50
D.60

6.某股份有限公司董事会9名董事。该公司开董事会会议,甲、乙、丙、丁、戊5名董事出席,其余4名董事缺席。会议表决前,丁因故提前退席,亦未委托他人代为表决。会议最终由4名董事一致做出一项决议。根据公司法律制度的规定,下列关于该决议法律效力的表述中,正确的是(　　)。

A.有效
B.无效
C.可撤销
D.未生效

7.根据合同法律制度的规定,建设工程合同当事人对工程实际竣工日期有争议时,下列处理规则中,正确的是(　　)。

A.承包人已提交竣工验收报告,发包人拖延验收的,以承包人提交验收报告之日为竣工日期

B.工程未经竣工验收发包人擅自使用的,以工程封顶之日为竣工日期

C.工程竣工验收合格的,以工程转移占有之日为竣工日期

D.工程未经竣工验收,发包人擅自使用的,以开始使用之日为竣工日期

8.根据企业破产法律制度的规定,下列关于破产案件诉讼费用承担的表述中,正确的是(　　)。

A.由债权人和债务人分担

B.由破产申请人预先支付

C.从债务人财产中随时拨付

D.由全体债权人按比例分担

9.甲、乙、丙三兄弟共同继承一幅古董字画,由甲保管。甲擅自将该画以市场价出卖于丁并已交付,丁对该画的共有权属关系并不知情。根据物权法律制度的规定,下列表述中,正确的是(　　)。

A.经乙和丙中一人追认,丁即可取得该画所有权

B.无论乙和丙追认与否,丁均可取得该画的所有权

C. 丁取得该画的所有权，但须以乙和丙均追认为前提

D. 无论乙和丙追认与否，丁均不能取得该画的所有权

10. 根据票据法律制度的规定，下列关于票据转让背书无效情形的表述中，正确的是（　　）。

A. 背书人未记载被背书人名称的，背书无效

B. 背书时附有条件的，背书无效

C. 背书人将票据全额分别转让给二人以上的，背书无效

D. 背书人在票据上记载"不得转让"字样的，其后手的转让背书无效

11. 甲持有某上市公司已发行股份的8%，2016年7月4日，投资者乙与甲签署股份转让协议，约定以6000万元的价格受让甲持有的该上市公司全部股份。7月6日，乙将股份转让事项通知该上市公司。7月11日，双方办理了股份过户。7月18日，乙通知该上市公司股份过户已办理完毕。根据证券法律制度的规定，乙应当向证监会和证券交易所做出书面报告的日期是（　　）。

A. 2016年7月8日　　　　　B. 2016年7月13日

C. 2016年7月6日　　　　　D. 2016年7月20日

12. 根据基本民事法律制度的规定，下列各项中，属于诉讼时效中止法定事由的是（　　）。

A. 申请支付令

B. 申请仲裁

C. 申请宣告义务人死亡

D. 权利被侵害的无民事行为能力人没有法定代理人

13. 甲、乙、丙、丁拟共同投资设立一有限合伙企业，甲、乙为普通合伙人，丙、丁为有限合伙人。四人草拟了一份合伙协议。该合伙协议的下列内容中，符合合伙企业法律制度的是（　　）。

A. 合伙企业名称为"环宇商贸有限公司"

B. 丙、丁可以将其在合伙企业中的财产份额出质

C. 丙任执行事务合伙人

D. 甲以房屋作价30万元出资，乙以专利技术作价15万元出资，丙以劳务作价20万元出资，丁以现金50万元出资

14. 根据合同法律制度的规定，下列关于缔约过失责任的表述中，正确的是（　　）。

　　A. 一方当事人假借订立合同恶意进行磋商，给他人造成损失的，可成立缔约过失责任

　　B. 缔约过失责任仅在合同成立时适用

　　C. 缔约过失责任赔偿的是可期待利益损失

　　D. 缔约过失责任的赔偿额通常大于违约责任

15. 根据外汇管理法律制度的规定，负责对合格境内机构投资者（QDII）的境外投资额度进行管理的机构是（　　）。

　　A. 财务部　　　　　　　　　　B. 国家外汇管理局

　　C. 国家发展改革委　　　　　　D. 证监会

16. 甲公司通过乙互联网借贷平台向丙公司借款30万元，用于生产经营，年利率28%。乙互联网借贷平台在主页上标明"通过本平台签订的借款合同，本公司保障出借人的本金安全"字样。根据合同法律制度的规定，下列表述中，正确的是（　　）。

　　A. 借款利率高于法定最高利率，借款合同无效

　　B. 乙互联网借贷平台应当对借款本金承担担保责任

　　C. 甲、丙公司属法人间借贷，借款合同无效

　　D. 借款利率高于24%的法定最高利率，超出部分利息约定无效

17. 某省属企业拟实施一项境外投资项目，中方投资额2.5亿美元，项目所在国系敏感国家。下列表述中，符合涉外经济法律制度规定的是（　　）。

　　A. 该项目应报国家发展改革委核准

　　B. 该项目应报国家发展改革委备案

　　C. 该项目应报省级投资主管部门备案

　　D. 该项目应报省级投资主管部门核准

18. 根据涉外经济法律制度的规定，下列关于人民币汇率制度的表述中，正确的是（　　）。

　　A. 双重汇率制　　　　　　　　B. 固定汇率制

　　C. 自由浮动汇率制　　　　　　D. 有管理的浮动汇率制

19. 某普通合伙企业拟变更企业名称，但合伙协议对该事项的决议规则未作约定。下列表述中，符合合伙企业法律制度规定的是（　　）。

　　A. 该事项经半数以上合伙人同意即可通过

　　B. 该事项经2/3以上合伙人同意即可通过

　　C. 该事项经全体合伙人一致同意方可通过

　　D. 该事项经出资占2/3以上的合伙人同意即可通过

20. 根据涉外经济法律制度的规定，有权做出征收反倾销税决定的机构是（　　）。

　　A. 海关总署

　　B. 国家税务局

　　C. 商务部

　　D. 国务院关税税则委员会

二、多项选择题

1. 甲、乙均为完全民事行为能力人，甲、乙之间的下列约定中，能够产生法律上的权利义务的有（　　）。

　　A. 甲送给乙一部手机

　　B. 二人共进晚餐

　　C. 甲将房屋出租给乙

　　D. 二人此生不离不弃

2. 某普通合伙企业经营期间，吸收甲入伙。甲入伙前合伙企业已负债20万元。甲入伙1年后退伙，在此期间合伙企业新增债务10万元，甲退伙后半年，合伙企业解散，以企业全部财产清偿债务后，尚有80万元债务不能清偿。根据合伙企业法律制度的规定，下列关于甲承担清偿责任的表述中，正确的有（　　）。

　　A. 甲对担任合伙人期间合伙企业新增加的10万元债务承担无限连带责任

　　B. 甲对合伙企业解散后尚未清偿的全部80万元债务承担无限连带责任

　　C. 甲对入伙前合伙企业的20万元债务承担无限连带责任

　　D. 甲对入伙后至合伙企业解散时新增的60万元债务承担无限连带责任

3. 甲、乙、丙、丁拟设立一家贸易公司，委派丙负责租赁仓库供公司使用，因公司尚未成立，丙以自己的名义与戊签订仓库租赁合同。根据公司法律制度的规定，下列关于仓库租赁合同义务承担的表述中正确的有（　　）。

A. 贸易公司一经成立，戊即可请求该公司承担合同义务

B. 贸易公司成立后，对租赁合同明确表示承认的，戊可请求贸易公司承担合同义务

C. 若贸易公司未能成立、戊可请求丙承担合同义务

D. 贸易公司成立后，戊仍可请求丙承担合同义务

4. 根据涉外经济法律制度的规定，下列关于特别提款权的表述中，正确的有（　　）。

A. 特别提款权本身具有价值

B. 特别提款权的"货币篮"由5种货币组成

C. 特别提款权是一种货币

D. 加入特别提款权"货币篮"标志着人民币完全实现了可自由兑换

5. 根据物权法律制度的规定，以出让方式取得土地使用权后，转让房地产时，应当符合的条件有（　　）。

A. 按出让合同约定投资开发，属于房屋建设工程的，完成开发投资总额的20%以上

B. 转让房地产时，房屋建成后，应当持有房屋所有权证书

C. 按出让合同约定投资开发，属于成片开发土地的，形成工业用地或其他建设用地条件

D. 按出让合同约定已支付全部土地使用权出让金，并取得土地使用权证书

6. 根据合伙企业法律制度的规定，下列关于特殊的普通合伙企业执业风险防范措施的表述中，正确的有（　　）。

A. 企业应当从其经营收益中提取相应比例资金作为执业风险基金

B. 执业风险基金应当单独立户管理

C. 执业风险基金用于偿付合伙人执业活动造成的债务

D. 企业可以选择建立执业风险基金或办理职业保险

7. 根据公司法律制度的规定，有限责任公司股东会会议的下列决议中，须经代表2/3以上表决权的股东通过的有（　　）。

A. 增加注册资本　　　　　B. 对外提供担保

C. 决定利润分配方案　　　D. 修改公司章程

8. 根据公司法律制度的规定，股份有限公司的下列文件中，股东有权查阅的有（　　）。

　　A. 公司会计账簿　　　　　　B. 董事会会议决议

　　C. 股东名册　　　　　　　　D. 公司债券存根

9. 根据票据法律制度的规定，下列各项中，属于汇票上绝对必要记载事项的有（　　）。

　　A. 出票日期　　　　　　　　B. 付款日期

　　C. 收款人名额　　　　　　　D. 汇票金额

10. 甲为庆祝好友乙60岁生日，拟赠与其古董瓷瓶一只。但双方约定，瓷瓶交付之后，甲可以随时借用该瓷瓶，根据合同法律制度的规定，下列正确的有（　　）。

　　A. 瓷瓶交付乙前，若甲的经济状况显著恶化，严重影响其生活，可不再履行赠与义务

　　B. 瓷瓶交付乙后，若甲请求借用时被乙拒绝，甲可以撤销赠与

　　C. 瓷瓶交付乙后，若被鉴定为赝品，乙有权以欺诈为由撤销赠与

　　D. 瓷瓶交付乙前，甲不得撤销赠与

11. 根据企业国有资产管理法律制度的规定，下列各项中，属于国家出资企业的有（　　）。

　　A. 国有独资公司

　　B. 国有资本控股公司

　　C. 国有资本参股公司

　　D. 国有独资企业

12. 根据反垄断法律制度的规定，执法机构认定非价格性"其他协同行为"时，应考虑的因素有（　　）。

　　A. 经营者之间是否进行过意思联络或者信息交流

　　B. 经营者能否对一致行为做出合理的解释

　　C. 相关市场的结构情况、竞争状况、市场变化情况、行业情况

　　D. 经营者的市场行为是否具有一致性

13. 根据涉外经济法律制度的规定，下列企业形式中，可以作为中外合资经营企业组织形式的有（   ）。

　　A. 合伙企业　　　　　　　　B. 有限责任公司

　　C. 股份有限公司　　　　　　D. 个人独资企业

14. 下列行为中，违反我国《反垄断法》的有（   ）。

　　A. 农业生产者在农产品生产加工、销售、运输、储存等经营活动中实施的联合行为

　　B. 外国企业在中国境外实施的对中国境内市场竞争产生排除或限制效果的行为

　　C. 具有竞争关系的境内企业就固定商品出口价格达成的垄断协议

　　D. 国有经济占控制地位的关系国民经济命脉行业的国有企业之间达成垄断协议的行为

15. 根据合伙企业法律制度的规定，在合伙协议无特别约定的情况下，合伙人发生的下列情形中，属于经其他合伙人一致同意即可除名的有（   ）。

　　A. 未履行出资义务

　　B. 因故意或者重大过失给合伙企业造成损失

　　C. 执行合伙事务时有不正当行为

　　D. 被依法宣告死亡

16. 某上市公司董事会做出决议，通过发行股份购买资产。根据证券法律制度的规定，股份发行价格不得低于市场参考价的90%，下列各项中，可以用于确定市场参考价的有（   ）。

　　A. 本次董事会决议公告日前20个交易日的公司股票交易均价

　　B. 本次董事会决议公告日前60个交易日的公司股票交易均价

　　C. 本次董事会决议公告日前90个交易日的公司股票交易均价

　　D. 本次董事会决议公告日前120个交易日的公司股票交易均价

17. 根据支付结算法律制度的规定，下列账户种类中，属于单位银行结算账户的有（   ）。

　　A. 基本存款账户

　　B. 一般存款账户

　　C. 专用存款账户

　　D. 临时存款账户

18. 下列关于我国反垄断民事诉讼制度的表述中,正确的有(   )。

A. 因垄断行为受损的消费者,可以作为垄断民事案件的原告

B. 人民法院受理垄断民事纠纷案件,以执法机构已对相关垄断行为进行查处为前提

C. 在反垄断民事诉讼中当事人聘请具有相应专门知识的人员出庭,就案件的专门性问题发表的专业意见,不属于《民事诉讼法》上的证据

D. 在反垄断民事诉讼中,经人民法院同意或指定的专业人员就案件的专门性问题做出的市场调查或者经济分析报告,视为鉴定意见

19. 根据反垄断法律制度的规定,下列情形中,可以处50万元以下罚款的有(   )。

A. 经营者达成垄断协议,但未实施

B. 行业协会组织本行业经营者从事垄断协议行为

C. 经营者未依法申报达到申报标准的经营者集中

D. 行政机关滥用行政权力排除竞争

20. 某外国投资者拟在中国境内出资设立一家外商独资企业。根据涉外投资法律制度的规定,下列各项中,可以作为该外国投资者出资方式的有(   )。

A. 外币

B. 合法获得的境外人民币

C. 从境内商业银行获得的人民币贷款

D. 从其在中国境内举办的其他外商投资企业获得的人民币利润

三、案例分析题

【案例1】

2016年3月1日,为支付工程款,A公司向B公司签发一张以甲银行为承兑人,金额为150万元的银行承兑汇票。汇票到期日为2016年9月1日,甲银行作为承兑人在汇票票面上签章。

4月1日,B公司将该汇票背书转让给C公司,用于支付买卖合同价款,后因C公司向B公司出售的合同项下货物存在严重质量问题,双方发生纠纷。

5月1日,C公司为支付广告费,将该汇票背书给D公司。D公司负责人知悉B、C之间合同纠纷的详情,对该汇票产生疑虑,遂要求C公司的关联企业

E公司与D公司签订了一份保证合同，保证合同约定，E公司就C公司对D公司承担的票据责任提供连带责任保证。但E公司未在汇票上记载有关保证事项，亦未签章。

6月1日，D公司将该汇票背书转让给F公司，以偿还所欠F公司的租金。

9月2日，F公司持该汇票向甲银行提示付款，甲银行以A公司资信状况不佳，账户余额不足为由拒付。

F公司遂向B、D公司追偿。B公司以C公司违反买卖合同为由，对F公司的追偿予以拒绝。

D公司向F公司承担票据责任后，分别向B、E公司追索。B公司仍以C公司违反买卖合同为由，对D公司的追索予以拒绝，E公司亦拒绝。

要求：

根据上述内容，分别回答下列问题：

（1）甲银行的拒付理由是否成立？并说明理由。

（2）B公司拒绝F公司追索的理由是否成立？并说明理由。

（3）B公司拒绝D公司追索的理由是否成立？并说明理由。

（4）D公司能否要求E公司承担票据责任？能否依保证合同要求E公司承担保证责任？并分别说明理由。

【案例2】

甲将其位于某住宅楼顶层的一套住房出租给乙，租期2年，月租金9 000元，但未约定租金支付方式，书面租赁合同签订当日，乙向甲支付了1年的租金。

租期第2月，房屋天花板严重漏雨。乙通知甲维修，甲以合同未约定维修条款为由拒绝，乙只好自己找人维修，花去维修费8 000元，维修期间房屋无法居住，乙全家住酒店10天，住宿费用3 000元。

租期第5月，乙全家出国半年。行前，乙经甲同意将房屋转租给丙，租期半年，丙租住期间，因使用不当，将甲的洗衣机损坏，乙回国后，甲要求乙赔偿洗衣机损坏的损失，乙提出洗衣机系由丙损坏，甲应向丙索赔。

租期第13月，甲要求乙支付第二年租金，乙拒绝。同时，乙要求甲支付天花板维修费8 000元，并减免维修期间相当月酒店住宿费用的租金3 000元，甲拒绝。

租期第14月，乙在未告知甲的情况下，在客厅造了一个壁炉。甲知悉后，要求乙拆除。

租期第16月，甲在未通知乙的情况下，将房屋出卖给自己的姐姐丁并于3天后办理房屋转让登记。乙以优先购买权受到侵害为由，要求甲承担赔偿责任，丁则通知乙1个月内搬出。

要求：

根据上述内容，分别回答下列问题：

（1）甲是否有义务维修房屋天花板？乙是否有权要求甲支付天花板维修费用并减免维修期间相当于酒店住宿费用的租金？并分别说明理由。

（2）甲是否有权要求乙赔偿洗衣机损坏的损失？并说明理由。

（3）租期第13月时，乙是否有权拒绝甲关于支付第二年租金的要求？并说明理由。

（4）甲是否有权要求乙拆除壁炉？并说明理由。

（5）丁是否取得了房屋所有权？并说明理由。

（6）乙关于其优先购买权受到侵害的主张是否成立？并说明理由。

（7）丁是否有权要求乙1个月内搬出？并说明理由。

【案例 3】

A 公司因不能清偿到期债务，且明显缺乏清偿能力，主动向人民法院申请破产。2016 年 4 月 1 日，人民法院裁定受理 A 公司破产申请，并指定某会计师事务所为管理人。

管理人在清理公司资产过程中发现，A 公司的股东甲于 2014 年 3 月认缴增资 200 万元，根据公司章程规定，甲应于 2014 年 4 月至 2017 年 4 月底，至少分 4 次缴足出资，每次不低于 50 万元。截至 2016 年 4 月 1 日，甲已经实缴 100 万元出资。2016 年 4 月 6 日，管理人要求甲缴纳剩余出资 100 万元，甲以其出资义务尚未到期为由拒绝。

2016 年 4 月 7 日，B 公司获悉 A 公司申请破产的消息后，要求取回其委托 A 公司加工定做的一套高档古典家具。由于 B 公司尚未支付加工费，管理人以此为由拒绝其取回家具。

2016 年 4 月 11 日，C 公司申报债权。管理人认为，C 公司所主张的对 A 公司的 50 万元债权，未得到 A 公司原负责人认可，故以该债权有争议为由拒绝将之编入债权登记表。C 公司对此提出异议，管理人研究后提出如下处理方案：先将 C 公司主张的债权列入债权登记表，交由第一债权人会议核查是否成立，但 C 公司不得参加第一次债权人会议。

债权人申报工作结束后，管理人指定本所一名资深注册会计师担任债权人会议的主席。

要求：

根据上述内容，分析回答下列问题：

（1）甲拒绝缴纳剩余100万元出资的理由是否成立？并说明理由。

（2）管理人拒绝B公司取回家具的理由是否成立？并说明理由。

（3）管理人拒绝将C公司主张的债权编入债权登记表的理由是否成立？并说明理由。

（4）管理人拒绝C公司参加第一次债权人会议是否符合企业破产法律制度的规定？并说明理由？

（5）管理人指定本所注册会计师为债权人会议主席是否符合企业破产法律制度的规定？并说明理由。

【案例4】

甲股份有限公司（简称"甲"）为A股上市公司，2015年8月3日乙有限责任公司（简称"乙"）向中国证监会、证券交易所提交权益变动报告书，称其自2015年7月20日开始持有甲股份，截至8月1日已经通过公开市场交易持有该公司已发行股份的5%。乙同时也将情况通知了甲并予以公告。8月16日和9月3日，乙连续两次公告其所持甲股份分别增加5%，截至9月3日，乙成为甲的第一大股东，持股15%，甲原第一大股东丙股份有限公司（简称"丙"）持股13%，退居次位。

2015年9月15日，甲公告称因筹划重大资产重组事项，公司股票停牌3个月。2015年11月1日甲召开董事会会议审议丁有限责任公司（简称"丁"）与甲的资产重组方案，方案主要内容是：

（1）甲拟向丁发行新股，购买丁价值60亿元的软件业务资产；

（2）股份发价格拟定为本次董事会决议公告前20个交易日交易均价的85%；

（3）丁因该次重组取得的甲股份自发行结束之日起6个月方可自由转让。该项交易完成后，丁将持有甲12%的股份，但尚未取得甲的实际控制权；乙和丙的持股比例分别降至10%和8%。

甲董事会共有董事11人，7人到会，在讨论上述重组方案时，2名非执行董事认为，该重组方案对购入资产定价过高，同时严重稀释老股东权益，在与其他董事激烈争论之后，该2名非执行董事离席，未参加表决；其余5名董事均对重组方案投了赞成票，并决定于2015年12月25日召开临时股东大会审议该重组方案。

2015年11月5日，乙书面请求甲监事会起诉投票通过上述重组方案的5名董事违反忠实和勤勉义务，遭到拒绝，乙遂以自己的名义直接向人民法院起诉5名董事。

2015年11月20日，甲向中国证监会举报乙在收购上市公司过程中存在违反信息披露义务的行为，证监会调查发现，2015年8月1日—3日，戊和辛通过公开市场交易分别购入甲2.5%的股份；戊、辛两公司事先均向乙出具书面承诺，同意无条件按照乙指令行使各自所持甲股份的表决权。戊、辛、乙三公司均未对上述情况予以披露。

要求：

根据上述内容，回答下列问题。

（1）乙、戊、辛公司在收购甲股份时，是否构成一致行动人？并说明理由。

（2）乙在收购甲公司股份时，存在哪些不符合证券法律制度关于权益变动披露规定的行为？并说明理由。

（3）丁与甲的资产重组方案的三项内容中，哪些不符合证券法律制度的规定？并说明理由。

（4）2015年11月1日，董事会会议的到会人数是否符合《公司法》关于召开董事会会议法定人数的规定？并说明理由。

（5）2015年11月1日董事会做出的决议是否获得通过？并说明理由。

（6）人民法院应否受理乙公司的起诉？并说明理由。

2016年度注册会计师全国统一考试·经济法考试真题参考答案深度全面解析与应试重点

一、单项选择题

1.【参考答案】A

【本题考点】法律渊源

【答案解析】根据宪法和立法法的规定,全国人大常委会法定立法权主要包括:(1)制定和变动法律权;(2)解释宪法和法律权;(3)立法监督权;(4)其他立法权。全国人大常委会在制定和变动法律的权力主要包括:其一,制定和修改除应当由全国人大制定的法律以外的其他法律。这里所谓"全国人大制定的法律"指全国人大有权制定的刑事、民事、国家机构等基本法律和其他应当由全国人大制定的法律。其二,对全国人大制定的法律进行补充和修改。这是一项非常重大的立法权,但它只能在全国人大闭会期间行使,只能进行部分补充和修改而不能进行全面的补充和修改,不得同被补充和修改的法律的基本原则相抵触。故选项A正确;2015年《立法法》修正后,规定没有法律或国务院的行政法规、决定、命令的依据,部门规章不得设定减损公民、法人和其他组织权利或增加其义务的规范,故选项B错误;地方性法规是有地方立法权的地方人民代表大会及其常委会就地方性事务以及根据本地区实际情况执行法律、行政法规的需要所制定的规范性法律文件的总称,地方性法规的立法机关是地方人大及其常委会,不是地方人民政府,故选项C错误;司法解释是最高人民法院、最高人民检察院在总结司法审判经验的基础上发布的指导性文件和法律解释的总称,简称"两高司法解释",故选项D错误。

2.【参考答案】A

【本题考点】《金融企业国有资产评估监督管理暂行办法》

【答案解析】金融企业有下列情形之一的,应当委托资产评估机构进行资产评估:

(1)整体或者部分改制为有限责任公司或者股份有限公司的;

(2)以非货币性资产对外投资的;

(3)合并、分立、清算的;

(4)非上市金融企业国有股东股权比例变动的;

（5）产权转让的；

（6）资产转让、置换、拍卖的；

（7）债权转股权的；

（8）债务重组的；

（9）接受非货币性资产抵押或者质押的；

（10）处置不良资产的；

（11）以非货币性资产抵债或者接受抵债的；

（12）收购非国有单位资产的；

（13）接受非国有单位以非货币性资产出资的；

（14）确定涉讼资产价值的；

（15）法律、行政法规规定的应当进行评估的其他情形。

金融企业中，可以不进行评估的情形：

（1）县级以上人民政府或者其授权部门批准其所属企业或者企业的部分资产实施无偿划转的；

（2）国有独资企业与其下属的独资企业之间，或者其下属独资企业之间的合并，以及资产或者产权置换、转让和无偿划转的；

（3）发生多次同类型的经济行为时，同一资产在评估报告使用有效期内，并且资产、市场状况未发生重大变化的；

（4）上市公司可流通的股权转让。

可见，只有选项A是应当评估的情形。

3.【参考答案】A

【本题考点】合伙人出资形式及评估

【答案解析】《合伙企业法》第十六条规定，合伙人可以用货币、实物、知识产权、土地使用权或者其他财产权利出资，也可以用劳务出资。合伙人以实物、知识产权、土地使用权或者其他财产权利出资，需要评估作价的，可以由全体合伙人协商确定，也可以由全体合伙人委托法定评估机构评估。合伙人以劳务出资的，其评估办法由全体合伙人协商确定，并在合伙协议中载明。

4.【参考答案】D

【本题考点】合伙企业财产清偿顺序

【答案解析】首先是支付清算费用；然后按照下列顺序清偿，即合伙企业所欠招用的职工工资和劳动保险费用;合伙企业所欠税款;合伙企业的债务;返还合伙人的出资。合伙企业财产在按上述顺序清偿后,仍有剩余的,再行按照约定比例或者法定比例分配给合伙人。

5.【参考答案】B

【本题考点】法定公积金的计提标准

【答案解析】根据《公司法》第一百六十七条的规定,公司分配当年税后利润时,应当提取利润的10%列入公司法定公积金。公司法定公积金累计额为公司注册资本50%以上的,可以不再提取。本案中甲公司注册资本700万元,50%为350万元,所以当年应按照税后利润10%提取法定公积金即300×10%=30万元。

6.【参考答案】B

【本题考点】董事会会议表决制度

【答案解析】我国《公司法》第一百一十二条规定,董事会会议应有过半数的董事出席方可举行。董事会做出决议,必须经全体董事的过半数通过。这里的"过半数"是不包含半数的。故选项B正确。

7.【参考答案】A

【本题考点】建设工程合同制度

【答案解析】当事人对建设工程实际竣工日期有争议的,按照以下情形分别处理:(1)建设工程经竣工验收合格的,以竣工验收合格之日为竣工日期;(2)承包人已经提交竣工验收报告,发包人拖延验收的,以承包人提交验收报告之日为竣工日期;(3)建设工程未经竣工验收,发包人擅自使用的,以转移占有建设工程之日为竣工日期。第十五条,建设工程竣工前,当事人对工程质量发生争议,工程质量鉴定合格的,鉴定期间为顺延工期期间。

因此,答案选D。

8.【参考答案】C

【本题考点】企业破产案件诉讼费用的交纳

【答案解析】破产案件诉讼费用作为破产费用,应在案件受理后根据破产财产情况确定数额,并从债务人财产中随时拨付,申请人不负有预交破产案件诉讼费用的义务。

9.【参考答案】B

【本题考点】物权法善意取得制度

【答案解析】《物权法》规定，无处分权人将不动产或者动产转让给受让人的，所有权人有权追回；除法律另有规定外，符合下列情形的，受让人取得该不动产或者动产的所有权：

（一）受让人受让该不动产或者动产时是善意的；

（二）以合理的价格转让；

（三）转让的不动产或者动产依照法律规定应当登记的已经登记，不需要登记的已经交付给受让人。

受让人依照前款规定取得不动产或者动产的所有权的，原所有权人有权向无处分权人请求赔偿损失。

丁是善意的、支付合理对价、标的物已经交付的买受人，适用善意取得制度，无论其他共有人是否追认，丁都取得所有权。

10.【参考答案】C

【本题考点】背书无效的情形

【答案解析】背书人未记载被背书人名称即将票据交付他人的，持票人在票据被背书人栏内记载自己的名称与背书人记载具有同等法律，选项A错误。背书附条件的，条件无效，背书有效，选项B错误。将汇票金额的一部分转让的背书或者将汇票金额分别转让给二人以上的背书无效，选项C错误。记载"不得转让"即禁止背书，背书无效但票据有效，且当事人禁止背书的情况下背书转让须承担责任，选项D错误。

11.【参考答案】C

【本题考点】协议转让

【答案解析】通过协议转让方式，投资者及其一致行动人在一个上市公司中拥有权益的股份拟达到或者超过一个上市公司已发行股份的5%时，应当在该事实发生之日起3日内编制权益变动报告书，向中国证监会、证券交易所提交书面报告，抄报派出机构，通知该上市公司，并予公告。

12.【参考答案】D

【本题考点】诉讼时效中止和中断的法定事由

【答案解析】我国《民法通则》第一百三十九条予以规定："在诉讼时效期间的最后6个月内，因不可抗力或者其他障碍不能行使请求权的，诉讼时效中止，诉讼时效从中止时效的原因消除之日起继续计算。"诉讼时效中止的法定事由有以下两种：（1）不可抗力。如水灾、地震、战争等；（2）其他障碍。如权利被侵害的无民事行为能力人或者限制民事行为能力人没有法定代理人或者法定代理人死亡、丧失代理权、丧失行为能力等。故选项D正确；

我国《民法通则》第一百四十条确认了诉讼时效中断的情况和事由，诉讼时效因提起诉讼、当事人一方提出要求或者同意履行义务而中断的，从中断时起，诉讼时效期间重新计算。诉讼时效中断的法定事由有以下三种：（1）权利人提起诉讼；（2）权利人在诉讼外向义务人提出权利要求；（3）义务人向权利人表示同意履行义务。故选项A、B、C属于诉讼时效的中断事由。

13.【参考答案】B

【本题考点】合伙企业名称规定、有限合伙企业事务执行等

【答案解析】《合伙企业法》第五条明确规定，合伙企业在其名称中不得使用"有限或有限责任"字样，选项A错误。有限合伙企业由"普通合伙人"执行合伙事务，"有限合伙人"不执行合伙事务，不得对外代表有限合伙企业，选项C错误。有限合伙人以其认缴的出资额为限对合伙企业债务承担责任，不直接参与企业的经营活动，有限合伙人不得以劳务出资，故选项D错误。

14.【参考答案】A

【本题考点】缔约过失责任和违约责任

【答案解析】缔约过失责任是指在合同签订前已经达成共识，但在正式签订合同时因为某些原因而不能签订正式合同而给合同一方造成损失所承担的责任。故缔约过失责任发生在合同缔结阶段，选项B错误。缔约过失责任赔偿当事人的信赖利益损失，以求回复到先前的状态；违约责任则赔偿当事人的期待利益损失，目的在于达到犹如合同全部履行的状态；可期待利益的损失要大于或者等于信赖利益的损失；故选项C、D错误。

15.【参考答案】B

【本题考点】合格境内机构投资者制度

【答案解析】合格境内机构投资者制度是指允许符合条件的境内机构经监管部

门批准,在一定额度内通过专用账户投资境外证券市场的一种开放模式。QDII制度管制的主要内容包括资格条件的限制、投资规模的限制和投资通道的控制等。目前,我国根据职责分工,银监会、证监会、保监会分别负责银行、证券和保险等境外投资业务的市场准入,包括资格审批、投资品种确定以及相关风险管理;国家外汇管理局负责机构境外投资额度、账户及资金汇兑管理等。

16.【参考答案】B

【本题考点】民间借贷

【答案解析】借贷双方约定的利率未超过年利率24%,出借人有权请求借款人按照约定的利率支付利息,但如果借贷双方约定的利率超过年利率36%,则超过年利率36%部分的利息应当被认定无效,借款人有权请求出借人返还已支付的超过年利率36%部分的利息,选项A、D错误。民间借贷,是指自然人、法人、其他组织之间及其相互之间进行资金融通的行为,只要双方当事人意见表示真实即可认定有效,因借贷产生的抵押相应有效,选项C错误。

17.【参考答案】A

【本题考点】《境外投资项目核准和备案管理办法》

【答案解析】中方投资额10亿美元及以上的境外投资项目,由国家发展改革委核准。涉及敏感国家和地区、敏感行业的境外投资项目不分限额,由国家发展改革委核准。其中,中方投资额20亿美元及以上,并涉及敏感国家和地区、敏感行业的境外投资项目,由国家发展改革委提出审核意见报国务院核准。

18.【参考答案】D

【本题考点】人民币汇率制度

【答案解析】我国人民币汇率制度是以市场供求为基础、参考一篮子货币进行调节、有管理的浮动汇率制度。

19.【参考答案】C

【本题考点】普通合伙企业的事务执行

【答案解析】《合伙企业法》第三十一条规定,除合伙协议另有约定外,合伙企业的下列事项应当经全体合伙人一致同意:

(一)改变合伙企业的名称;

(二)改变合伙企业的经营范围、主要经营场所的地点;

/ 49 /

（三）处分合伙企业的不动产；

（四）转让或者处分合伙企业的知识产权和其他财产权利；

（五）以合伙企业名义为他人提供担保；

（六）聘任合伙人以外的人担任合伙企业的经营管理人员。

20.【参考答案】D

【本题考点】反倾销税的征收

【答案解析】我国《反倾销条例》第三十八条规定，征收反倾销税，由商务部提出建议，国务院关税税则委员会根据商务部的建议做出决定，由商务部予以公告。可见，反倾销税的征收是由国务院关税税则委员会决定的。

二、多项选择题

1.【参考答案】A、C

【本题考点】法律上的权利义务

【答案解析】选项A是赠与关系，选项C是租赁关系；选项B、D不发生法律后果。

2.【参考答案】A、C

【本题考点】合伙人退伙应承担的责任

【答案解析】《合伙企业法》第五十三条规定："退伙人对基于其退伙前的原因发生的合伙企业债务，承担无限连带责任。"在这种情况下，退伙人无疑对合伙企业债务承担补充无限连带责任，同时对基于其退伙前原因发生的合伙企业收益也应享有权利，选项A正确；新合伙人对入伙前合伙企业的债务承担无限连带责任，选项C正确。

3.【参考答案】B、C、D

【本题考点】设立中公司的责任主体确定

【答案解析】《最高人民法院关于适用〈中华人民共和国公司法〉若干问题的规定（三）》第二条规定："发起人为设立公司以自己名义对外签订合同，合同相对人请求该发起人承担合同责任的，人民法院应予支持。公司成立后对前款规定的合同予以确认，或者已经实际享有合同权利或者履行合同义务，合同相对人请求公司承担合同责任的，人民法院应予支持。"

故选择 B、C、D 正确。

4.【参考答案】A、B

【本题考点】特别提款权

【答案解析】特别提款权本身具有价值，选项 A 正确；特别提款权的"货币篮"由 5 种货币组成，选项 B 正确；特别提款权 SDR 并不是一种权利，而是一种储备货币，可作为一国的外汇储备，特别提款权本身不是货币，因此选项 C 错误；人民币尚未完全实现可自由兑换，资本项目下还存在限制，故选项 D 错误。

5.【参考答案】B、C、D

【本题考点】《中华人民共和国城市房地产管理法》——房地产交易

【答案解析】根据相关法律法规，以出让方式取得土地使用权的，转让房地产时，应当符合下列条件：

（1）按照出让合同约定已经支付全部土地使用权出让金，并取得土地使用权证书；（2）按照出让合同约定进行投资开发，属于房屋建设工程的，完成开发投资总额的 25% 以上，属于成片开发土地的，形成工业用地或者其他建设用地条件。转让房地产时房屋已经建成的，还应当持有房屋所有权证书。

答案选 B、C、D。

6.【参考答案】A、B、C

【本题考点】特殊普通合伙企业中的执业风险基金制度

【答案解析】特殊的普通合伙企业从其经营收益中提取相应比例的资金留存收益或者根据相关法律法规规定上缴至指定机构形成执业风险基金，选项 A 正确。特殊的普通合伙企业应当建立执业风险基金、办理职业保险；执业风险基金用于偿付合伙人执业活动造成的债务；执业风险基金应当单独立户管理；执业风险基金的具体管理办法由国务院规定。故选项 B、C 正确，选项 D 错误。因此，选项 A、B、C 正确。

7.【参考答案】A、D

【本题考点】有限公司股东会特别决议

【答案解析】有限责任公司的股东会特别决议事项也必须经代表（全部）2/3 以上表决权的股东通过，特别决议事项的内容是：修改公司章程；公司增加或减少注册资本；公司分立和合并；公司解散；变更公司形式。因此，答案选A、D。

8.【参考答案】B、C、D

【本题考点】股东的知情权

【答案解析】根据相关法律法规规定，股东有权查阅、复制公司章程、股东会会议记录、董事会会议决议、监事会会议决议和财务会计报告。另外，股份有限公司应当将公司章程、股东名册、公司债券存根、股东大会会议记录、董事会会议记录、监事会会议记录、财务会计报告置备于本公司。股东有权查阅这些文件，对公司的经营提出建议或者质询。因此，选项B、C、D正确。

9.【参考答案】A、C、D

【本题考点】商业汇票的绝对记载事项

【答案解析】商业汇票的绝对记载事项：(1) 表明商业承兑汇票或银行承兑汇票的字样；(2) 无条件支付的委托；(3) 确定的金额；(4) 付款人名称；(5) 收款人名称；(6) 出票日期；(7) 出票人签章。

因此，选项A、C、D正确。

10.【参考答案】A、B

【本题考点】赠与人可以不再履行赠与义务的法定情形

【答案解析】《合同法》第一百九十五条规定："赠与人的经济状况显著恶化，严重影响其生产经营或者家庭生活的，可以不再履行赠与义务"，选项A正确。不履行赠与合同约定的义务，赠与人可以撤销赠与；选项B正确。题目中没有说甲有欺诈的故意，不能直接认定是可撤销合同。附义务的赠与，赠与的财产有瑕疵的，赠与人在附义务的限度内承担与出卖人相同的责任，所以乙可以要求甲赔偿，选项C错误；《合同法》第186条规定："赠与人在赠与财产的权利转移之前可以撤销赠与，具有救灾、扶贫等社会公益、道德义务的赠与合同或者经过公证的赠与合同，不适用前款规定"，题目中不是这些法定情形，甲可以任意撤销，选项D错误。答案选A、B。

11.【参考答案】A、B、C、D

【本题考点】国有出资的企业出资人制度

【答案解析】国家出资的企业，不仅仅包括国家出资兴办的企业，如国有独资公司，也包括国家控股、参股有限责任公司和股份有限公司等。当然国家出资的企业不仅仅是以公司形式，也包括未进行公司制改造的其他企业。

选项 A、B、C、D 均正确。

12.【参考答案】A、B、C、D

【本题考点】非价格性其他协同行为的认定

【答案解析】根据相关法律法规规定，非价格性其他协同行为的认定，应当考虑下列因素：（1）经营者的市场行为是否具有一致性；（2）经营者之间是否进行过意思联络或者信息交流；（3）经营者能否对一致行为做出合理的解释。因此，答案选 A、B、C、D。

13.【参考答案】B、C

【本题考点】中外合资经营企业的组织形式

【答案解析】合营企业一般来说就是有限责任公司的，但是也不全是，中外合资股份有限公司是按照股份有限公司形式组织的合营企业，是合营企业的一种类型。因此，答案选 B、C。

14.【参考答案】B、D

【本题考点】《反垄断法》

【答案解析】《反垄断法》第五十六条规定："农业生产者及农村经济组织在农产品生产、加工、销售、运输、储存等经营活动中实施的联合或者协同行为，不适用本法"，因此农业活动可以排除适用《反垄断法》，故选项 A 错误。无论是境外企业还是国内企业，无论是国有企业还是民营企业，只要其价格行为对中国境内市场竞争产生排除、限制影响的，发改委都将根据《反垄断法》进行处罚，选项 B 当选。选项 C 是垄断协议的豁免情形。国有垄断企业从事垄断协议，受《反垄断法》的限制，选项 D 当选。

15.【参考答案】A、B、C

【本题考点】除名情形和当然退伙情形

【答案解析】根据相关法律法规规定，合伙人有下列情形之一的，经其他合伙人一致同意，可以决议将其除名：（1）未履行出资义务；（2）因故意或者重大过失给合伙企业造成损失；（3）执行合伙事务时有不正当行为；（4）发生合伙协议约定的事由。

根据《合伙企业法》第49条规定，当然退伙的客观情况有：(1)作为合伙人的自然人死亡或者被依法宣告死亡；(2)个人丧失偿债能力；(3)作为合伙人的法人或者其他组织依法被吊销营业执照、责令关闭、撤销，或者被宣告破产；(4)法律规定或者合伙协议约定合伙人必须具有相关资格而丧失该资格；(5)合伙人在合伙企业中的全部财产份额被人民法院强制执行。选项D属于当然退伙情形。

16.【参考答案】A、B、D

【本题考点】股票发行的定价

【答案解析】根据相关法律法规规定，发行股份购买资产时，股份发行价格不得低于市场参考价的90%。市场参考价为本次发行股份购买资产的董事会决议公告日前20个交易日、60个交易日或者120个交易日的公司股票交易均价之一，选项C错误。答案选A、B、D。

17.【参考答案】A、B、C、D

【本题考点】单位银行结算账户

【答案解析】单位银行结算账户是指存款人以单位名称开立的银行结算账户。单位银行结算账户按用途可分为基本存款账户、一般存款账户、专用存款账户和临时存款账户。选项A、B、C、D均正确。

18.【参考答案】A、C、D

【本题考点】反垄断民事诉讼制度

【答案解析】根据《〈反垄断〉司法解释》第二条的规定，原告直接向人民法院提起民事诉讼，或者在反垄断执法机构认定构成垄断行为的处理决定发生法律效力后向人民法院提起民事诉讼，并符合法律规定的其他受理条件的，人民法院应当受理。可见，人民法院受理垄断民事纠纷案件，是不以执法机构已对相关垄断行为进行了查处为前提条件的。选项B错误。

19.【参考答案】A、B、C

【本题考点】反垄断法律制度涉及的罚款

【答案解析】《反垄断法》规定，经营者违法本法规定，达成并实施垄断协议的，由反垄断执法机构责令停止违法行为，没收违法所得，并处上一年度销售额百分之一以上百分之十以下的罚款；尚未实施所达成的垄断协议的，可以处五十万元以下的罚款，故选项A正确；反垄断法规定，行业协会违反本法规定，组织本行业的经营者达成垄断协议的,反垄断执法机构可以处五十万元以下的罚款;情节严重的,社会团体登记管理机关可以依法撤销登记,选项B正确;根据《反垄断法》规定,经营违反规定实施应申报而未报的集中的,国务院反垄断执法机构应责令其停止实施集中,可处以50万元以下的罚款,选项C正确;行政机关和法律、法规授权的具有管理公共事务职能的组织滥用行政权力,实施排除、限制竞争行为的,由上级机关责令改正;对直接负责的主管人员和其他直接责任人员依法给与处分。反垄断执法机构可以向有关上级机关提出依法处理的建议,故选项D错误。

20.【参考答案】A、B、D

【本题考点】外资企业中外国投资者的出资方式

【答案解析】外国投资者可以用可自由兑换的外币出资,也可以进行跨境人民币直接投资,也可以用机器设备、工业产权、专有技术等作价出资。经审批机关批准,外国投资者也可以用其从中国境内兴办的其他外商投资企业获得的人民币利润出资。以工业产权、专有技术作价出资的,该工业产权、专有技术应当为外国投资者所有。选项A、B、D正确。

三、案例分析题

1.【本题考点】银行承兑汇票的兑付及其追索权、票据担保

【参考答案及解析】

(1) 甲银行的拒付理由不成立。

理由:银行承兑汇票中的承兑银行是主债务人,如果出票人的账户资金不足,承兑人不得以其与出票人之间的资金关系对抗持票人,银行必须无条件当日足额付款。

资料中甲银行已经承兑该票据,是主债务人,不能以A公司资信状况不佳、账户余额不足为由拒付。

(2) B公司拒绝F公司追索的理由不成立。

理由:票据债务人可以对不履行约定义务的与自己有直接债权债务关系的持票人进行抗辩,但如果该票据已被不履行约定义务的持票人进行背书转让,而最终的持票人属善意、已对价取得票据的持票人,则票据债务人不能对其进行抗辩。

6月1日，D公司将该汇票背书转让给F公司，以偿还所欠F公司的租金，可见F公司属善意、对价取得票据的持票人，因此B公司拒绝F公司追索的理由不成立。

（3）B公司拒绝D公司追索的理由成立。

理由：票据债务人不得以自己与持票人的前手之间的抗辩事由，对抗持票人。但是，持票人明知存在抗辩事由而取得票据的除外。

本题中资料显示，D公司负责人知悉BC之间合同纠纷的详情，所以B公司可以拒绝D公司追索。

（4）D公司不能要求E公司承担票据责任。

理由：票据保证是一种要式行为，必须作成于汇票之上（保证人在票据上记载"保证"字样并"签章"）。保证人未在票据或者粘单上记载"保证"字样而另行签订保证合同或者保证条款的，不属于票据保证。

D公司要求E公司与其签订了一份保证合同，保证合同约定，E公司就C公司对D公司承担的票据责任提供连带责任保证，但E公司未在汇票上记载有关保证事项，亦未签章。因此D公司不能要求E公司承担票据责任。

D公司可以依保证合同要求E公司承担保证责任，虽然D公司与E公司签订的保证合同中，E公司未在汇票上记载有关保证事项，亦未签章，但该合同可以适用《担保法》的有关规定，D公司可以要求E公司承担保证合同中的保证责任。

2.【本题考点】不动产租赁

【参考答案及解析】

（1）甲有义务维修房屋天花板。

理由：出租人应当履行租赁物的维修服务，但当事人另有约定的除外。甲与乙在签订书面租赁合同时并未另行约定房屋维修事宜，因此作为出租人，甲应当负责维修房屋的天花板。

乙有权要求甲支付天花板维修费用并减免维修期间相当于酒店住宿费用的租金。

理由：出租人应当履行租赁物的维修服务，但当事人另有约定的除外。出租人未履行维修服务的，承租人可以自行维修，但维修费用应由出租人负担，因维修而影响承租人对租赁物的使用的，出租人应当相应减少租金或延长租期。因此，乙有权要求甲支付天花板维修费用并减免维修期间相当月酒店住宿费用的租金。

（2）甲有权要求乙赔偿洗衣机损坏的损失。

理由：经出租人同意后，承租人可以将租赁物转租给第三人，承租人与出租人之间的租赁合同继续有效，但第三人若对租赁物造成损坏时，应由承租人承担该赔偿责任，所以甲有权要求乙赔偿洗衣机损坏的损失。

（3）乙有权拒绝甲关于支付第二年租金的要求。

对租金的支付期限未确定的，当事人可以协议补充，不能达成补充协议的，可以根据合同的有关条款或者交易习惯确定。仍不能确定的，适用以下规则：

1）租赁期限不满1年的，应当在租赁期限届满时支付；

2）租赁期限1年以上的，应当在每届满1年时支付，剩余期间不满1年的，应当在租赁期限届满时支付。

甲乙签订租赁合同时，未约定租金支付期限，因此租期第13月，甲要求乙支付第二年租金时，乙有权拒绝。

（4）甲有权要求乙拆除壁炉。

未经出租人同意，承租人对租赁物进行改造或者增设他物的，出租人有权要求承租人恢复租赁物的原状或者要求承租人赔偿损失。

资料中显示，乙建造壁炉未取得出租人甲的同意，甲有权要求乙将壁炉恢复原状。

（5）丁取得了房屋所有权。

不动产物权的设立、变更、转让和消灭，经依法登记，就会发生效力。

资料中显示，甲与丁办理了房屋登记变更手续，所以丁取得了房屋所有权。

（6）乙关于其优先购买权受到侵害的主张不成立。

出租人将房屋出售给其近亲属时，承租人没有优先购买权，因此乙关于其优先购买权受到侵害的主张不成立。

（7）丁无权要求乙1个月内搬出。

租赁物在租赁期间发生所有权变动的，不影响租赁合同的效力。

资料中，虽然甲将其房屋出售给丁，但此时甲与乙签订的租赁合同尚未到期，该合同在房屋所有权转移至丁后依然有效，丁无权要求乙搬出。

3.【本题考点】《破产法》、管理人职责

【参考答案及解析】

（1）甲拒绝缴纳剩余100万元出资的理由不成立。

理由：《企业破产法》第三十五条规定，人民法院受理破产申请后，债务人的出资人尚未完全履行出资义务的，管理人应当要求该出资人缴纳所认缴的出资，而不受出资期限的限制。

在本题中，甲作为出资人，尚未履行完出资义务，无权拒绝缴纳剩余出资。

（2）管理人拒绝B公司取回家具的理由成立。

理由：根据《企业破产法》关于取回权行使的对价给付的规定，权利人行使取回权时未依法向管理人支付相关的加工费、保管费、托运费、委托费、代销费等费用，管理人拒绝其取回相关财产的，人民法院应予支持。

本题资料显示，B公司尚未支付加工费，所以管理人有权拒绝。

（3）管理人拒绝将C公司主张的债权编入债权登记表的理由不成立。

理由：根据《企业破产法》在破产债权确认中关于向债权人申报的规定，管理人收到债权申报材料后，应当登记造册，对申报的债权进行审查，并编制债权登记表。管理人必须将申报的债权全部登记在债权登记表上，不允许以其认为债权不能成立为由拒绝编入债权登记表。

题中资料显示，C公司在规定期限内申报债权，故管理人应该把C公司主张的债权列入债权登记表。

（4）管理人拒绝C公司参加第一次债权人会议不符合企业破产法律制度的规定。

理由：根据《企业破产法》的规定，依法申报债权的债权人为债权人会议的成员，有权参加债权人会议，享有表决权。即凡是申报债权者均有权参加第一次债权人会议，有权参加对其债权的核查、确认活动，并可依法提出异议。

题中资料显示，管理人将C公司列入债权登记表，那么就应该允许C公司参与第一次债权人会议，C公司的债权是否合理应该由第一次债权人会议讨论通过。

（5）管理人指定本所注册会计师为债权人会议主席不符合企业破产法律制度的规定。

理由：根据《企业破产法》第60条的规定，债权人会议设主席一人，由人民法院从有表决权的债权人中指定。

因此本题中，债权人会议主席不能由该资深注册会计师担任，而是应该由法院指定，且必要时法院可指定多名债权人会议主席，组成债权人会议主席团。

4.【本题考点】《公司法》《证券法》

【参考答案及解析】

（1）乙、戊、辛构成一致行动人。

理由：所谓一致行动，是指投资者通过协议、其他安排，与其他投资者共同扩大其所能支配的一个上市公司股份表决权数量的行为或事实。

本题中资料显示，戊、辛两公司事先均向乙出具书面承诺，同意无条件按照乙指令行使各自所持甲股份的表决权，即可以认定乙、戊、辛构成一致行动。

（2）乙在收购甲股份时，存在以下不符合证券法律制度关于权益变动披露规定的行为：

1）乙8月1日持有上市公司股份5%，戊、辛在8月1日至8月3日又分别购入上市公司2.5%的行为不符合规定。

理由：根据《证券法》规定，通过证券交易所的证券交易，投资者持有或者通过协议、其他安排与他人共同持有一个上市公司已发行的股份达到5%时，应当在该事实发生之日起3日内，向国务院证券监督管理机构、证券交易所做出书面报告，通知该上市公司，并予公告，并且在上述期限内不得再行买卖该上市公司的股票。

题中资料显示，乙8月1日持有上市公司股份5%，已经达到了5%，应该在3日内作书面报告，且在此期间，乙以及作为一致行动人的戊、辛都不得收购股份。因此在8月1日至8月3日期间，戊辛不能继续收购上市公司的股份。

2）乙在8月16日和9月3日的行为不符合相关规定。

理由：根据《证券法》规定，投资者持有或者通过协议、其他安排与他人共同持有一个上市公司已发行的股份达到百分之五后，其所持该上市公司已发行的股份比例每增加或者减少5%，应当在该事实发生之日起3日内，向国务院证券监督管理机构、证券交易所做出书面报告，通知该上市公司，并予公告。

本题资料中，乙8月16号和9月3号分别增持了5%，应该在3日内向国务院证券监督管理机构、证券交易所做出书面报告，通知该上市公司，并予公告，乙未履行该职责。

（3）丁与甲的资产重组方案的三项内容中，存在以下不符合《证券法》规定的事项：

1）股份发行价格不符合规定。

根据《证券法》规定，上市公司发行股份的价格不得低于市场参考价的90%。市场参考价为本次发行股份购买资产的决议公告日前20个交易日、60个交易日或者120个交易日的公司股票交易均价之一。因此本题中股份发行价格拟定为本次董事会决议公告前20个交易日交易均价的85%的约定是不符合相关规定的。

2）丁因该次重组取得的甲公司股份自发行结束之日起6个月方可自由转让不符合规定。

理由：根据《证券法》规定，特定对象以资产认购而取得的上市公司股份，自股份发行结束之日起12个月内不得转让。

（4）董事会的到会人数符合《公司法》关于召开董事会会议法定人数的规定。

理由：根据《公司法》的规定，董事会会议应有过半数的董事出席方可举行。题目中董事11人，7人到会，符合要求。

（5）2015年11月1日董事会做出的决议没有通过。

理由：根据《公司法》规定，董事会做出决议，必须经全体董事的过半数通过。本题中甲公司的11名董事中，5人同意，6人未统一意见，不符合《公司法》的规定，所以董事会的决议没有通过。

（6）人民法院不应受理乙的起诉。

理由：根据《公司法》规定，股份有限公司董事、高级管理人员执行公司职务时因违法给公司造成损失的，在一定情形下，连续180日以上单独或合计持有公司1%以上股份的股东可以为了公司利益，以自己的名义直接向人民法院提起诉讼。题目中乙2015年7月20日开始持有甲公司股份，截至2015年11月5日，持股时间尚不足180日，不符合《公司法》要求，因此人民法院不应受理乙的起诉。

2015年度注册会计师全国统一考试·经济法考试真题

一、单项选择题

1. 根据企业国有资产法律制度的规定，履行出资人责任的机构对其任命的企业管理者的任期经营业绩考核周期为（   ）。

    A. 2年

    B. 1年

    C. 3年

    D. 5年

2. 根据民事法律制度的规定，下列关于可撤销的民事行为的表述中，正确的是（   ）。

    A. 可撤销的民事行为一经撤销，自始无效

    B. 可撤销的民事行为亦称"效力待定的民事行为"

    C. 自撤销事由发生之日起1年内当事人未撤销的，撤销权消灭

    D. 法官审理安全时发现民事行为具有可撤销事由的，可依职权撤销

3. 下列垄断行为中，行为人可能承担刑事责任的是（   ）。

    A. 经营者滥用市场支配地位，搭售商品

    B. 经营者与交易相对人达成固定转售价格协议

    C. 经营者未经执法机构批准，擅自实施集中

    D. 经营者之间串通投标

4. 根据合同法律制度的规定，下列关于合同的表述中，正确的是（   ）。

    A. 无偿的委托合同，因受托人一般过失给委托人造成损失的，委托人可以要求赔偿损失

    B. 原则上受托人有权转委托，不必征得委托人同意

    C. 有偿的委托合同，因不可归责于受托人的事由，委托事务不能完成的，委托人有权拒绝支付报酬

    D. 两个以上的受托人共同处理委托事务的，对委托人承担连带责任

5.外国投资者出资并购一家中国境内企业,并购后所设外商投资企业的注册资本为700万美元,根据涉外投资法律制度的规定,投资总额上限是( )。

A.1400万美元

B.1000万美元

C.1750万美元

D.2100万美元

6.根据企业国有资产法律制度的规定,国有独资公司的下列事项中,由公司董事会决定的是( )。

A.发行债券

B.分配利润

C.增加注册资本

D.转让重大财产

7.外商投资企业设立、变更等过程中订立的某些合同,依法律、行政法规的规定应当经外商投资企业审计机关批准后才生效的,自批准之日起生效。根据外商投资企业法律制度的规定,此类合同未经批准时的效力状态是( )。

A.可撤销

B.无效

C.未生效

D.效力待定

8.根据公司法律制度的规定,下列各项中,属于董事会职权的是( )。

A.决定有关董事的报酬事项

B.修改公司章程

C.决定公司内部管理机构的设置

D.决定发行公司债券

9.股份有限公司召开股东大会年会时应当提前将财务会计报告置备于公司。根据公司法律制度的规定。该提前的日期是( )。

A.20日   B.10日

C.30日   D.50日

10. 李某为甲股份公司的董事长。赵某为乙股份公司的董事长。甲公司持有乙公司 60% 的股份。甲、乙公司的下列行为中,《公司法》不予禁止的是(   )。

    A. 乙公司向李某提供 200 万元购房借款

    B. 甲公司向赵某提供 200 万元购房借款

    C. 甲公司向李某提供 200 万元购房借款

    D. 乙公司向赵某提供 200 万元购房借款

11. 甲公司签发的支票上,中文大写记载的金额为"壹万玖仟玖佰元整",而阿拉伯数字(数码)记载的金额为"19810 元",下列关于支票效力的表述中,正确的是(   )。

    A. 甲公司将金额更改为一致并签章后,支票有效

    B. 支票无效

    C. 支票有效,以中文记载为准

    D. 支票有效,以阿拉伯数字(数码)记载为准

12. 下列关于法律关系主体的表述中,正确的是(   )。

    A. 法律关系主体必须同时具备权利能力和行为能力

    B. 作为法律关系主体的自然人不包括外国人

    C. 分公司具有法人的地位

    D. 法律关系主体既包括权利人,也包括义务人

13. 买卖合同中约定:甲先付款,乙再发货,后甲未付款却要求乙先发货,乙予以拒绝。根据合同法律制度的规定,乙享有的抗辩权的是(   )。

    A. 同时履行抗辩权

    B. 履行不安抗辩权

    C. 先履行抗辩权

    D. 先诉抗辩权

14. 根据合伙企业法律制度的规定,下列行为中,禁止由有限合伙人实施的是(   )。

    A. 为本合伙企业提供担保

    B. 参与决定普通合伙人入伙

    C. 以合伙企业的名义对外签订买卖合同

    D. 对涉及自身利益的情况,查阅合伙企业的财务会计账簿

15. 根据对外贸易法律制度的规定，针对公平交易条件下的特殊情形，可以采取特定的贸易救济措施，下列各项中，属于该措施的是（　　）。

A. 反补贴税

B. 反倾销税

C. 价格承诺

D. 保障措施

16. 某有限公司共有股东 3 人，根据公司法律制度的规定，下列各选项中，该公司必须设置的是（　　）。

A. 董事会

B. 股东会

C. 监事会

D. 经理

17. 合伙企业举行合伙人会议表决对外投资事项，但合伙协议对该事项的表决办法未做约定。根据合伙企业法律制度的规定，下列关于表决办法的表述中，正确的是（　　）。

A. 须持有过半数财产份额的合伙人同意

B. 须全体合伙人一致同意

C. 须半数合伙人同意

D. 须 2/3 以上合伙人同意

18. 根据合伙企业法律制度的规定，合伙企业利润分配的首要依据是（　　）。

A. 合伙协议约定的比例

B. 合伙人均等的比例

C. 合伙人实缴出资的比例

D. 合伙人认缴出资的比例

19. 甲、乙、丙拟设立一有限合伙企业。甲为普通合伙人，乙、丙为有限合伙人。下列合伙协议内容中，符合合伙企业法律制度规定的是（　　）。

A. 乙以劳务作价 20 万元出资

B. 甲以其出资金额的两倍为限对合伙债务承担责任

C. 丙不得将其在合伙企业中的财产份额出质

D. 丙为合伙事务执行人

20. 根据证券法律制度的规定，下列关于证券交易所大宗交易时间的表述中，正确的是（   ）。

A. 交易日 9 点 25 分至 30 分
B. 交易日 9 点 15 分至 25 分
C. 交易日 14 点 30 分至 15 点
D. 交易日 15 点至 15 点 30 分

21. 根据物权法律制度的规定，下列关于更正登记与异议登记的表述中，正确的是（   ）。

A. 提起更正登记之前，须先提起异议登记
B. 更正登记的申请人可以是权利人，也可以是利害关系人
C. 异议登记之日起 10 日内申请人不起诉的，异议登记失败
D. 异议登记不当造成权利人损害的，登记机关应承担损害赔偿责任

22. 人民法院受理了甲公司的破产申请。根据企业破产法律制度的规定，下列已经开始、尚未终结的与甲公司有关的诉讼，不予中止的是（   ）。

A. 公司以拖欠贷款为由，对丙公司提起的诉讼
B. 股东乙以甲公司董事长决策失误导致公司损失为由，对其提起的诉讼
C. 债权人丁公司以甲公司股东戊与甲公司法人人格严重混同为由，主张戊直接承担责任的诉讼
D. 公司以总经理庚违反竞业禁止为由，主张其返还不当得利的诉讼

23. 根据合同法律制度的规定，下列关于定金的表述中，正确的是（   ）。

A. 收受定金一方不履行合同义务时，应当三倍返还定金
B. 收受定金一方履行合同义务时，定金所有权发生转移
C. 定金数额不得超过主合同标的额的 20%
D. 既约定定金又约定违约金的，一方违约时，当事人有权要求同时适用

24. 汪某为某知名证券投资咨询公司负责人。该公司经常在重要媒体互联网平台免费公开发布咨询报告，并向公众推荐股，汪某多次将其本人已经买入的股票在公司咨询报告中予以推荐，并在咨询报告发布后将股票卖出。根据证券法律制度的规定，汪某的行为属于（   ）。

A 内幕交易
B 虚假陈述
C 操纵市场
D 欺诈客户

二、多项选择题

1. 根据反垄断法律的规定，下列垄断协议中，由国家工商总局负责执法的有（　　）。

   A. 限制数量协议
   B. 价格卡特尔
   C. 划分市场协议
   D. 维持转售价格协议

2. 下列各项中，属于我国法律渊源的有（　　）。

   A. 联合国宪法
   B. 某公立大学的章程
   C.《最高人民法院公报》公布的案例
   D. 中国证监会发布的《上市公司收购管理办法》

3. 根据反垄断法律制度的规定，在经营者集中附加限制性条件批准制度中，监督受托人应当符合的要求有（　　）。

   A. 具有履行受托人职责的专业团队
   B. 独立于剥离义务人和剥离业务的买方
   C. 提出可行的工作方案
   D. 提出可行的履职经费保障方案

4. 根据合伙企业法律制度的规定，合伙企业的下列事项中，应当在工商行政管理机关登记的有（　　）。

   A. 执行事务合伙人
   B. 主要经营场所
   C. 合伙人的住所
   D. 合伙人的家庭情况

5. 根据涉外投资法律制度的规定，外国投资者并购境内企业安全审查部际联席会议的牵头机构有（　　）。

   A. 国家发改委
   B. 工业与信息化部
   C. 商务部
   D. 国家工商总局

6. 根据企业国有资产法律制度的规定，国有独资公司的下列人员中，应当由履行出资人职责的机构任免的有（　　）。

　　A. 副董事长　　　　　　　　B. 董事长

　　C. 董事　　　　　　　　　　D. 监事

7. 下列关于人民币汇率的表述中，符合外汇管理法律制度规定的有（　　）。

　　A. 单一汇率制度　　　　　　B. 固定汇率制度

　　C. 双重汇率制度　　　　　　D. 有管理的浮动汇率制度

8. 根据公司法律制度的规定，下列各项中应当在提取法定公积金之前实施的有（　　）。

　　A. 向股东分配利润　　　　　B. 缴纳企业所得税

　　C. 提取任意公积金　　　　　D. 弥补以前年度亏损

9. 根据证券法律制度的规定，股份有限公司的下列股份发行或转让活动中，可以豁免向证监会申请核准的有（　　）。

　　A. 在全国中小企业股份转让系统挂牌的公司拟向特定对象定向发行股份，发行后股东预计达到195人

　　B. 因向公司核心员工转让股份导致股东累计达到220人，但在1个月内降至195人

　　C. 股东累计已达195人的公司拟公开转让股份

　　D. 公司获得定向发行核准后第13个月，拟使用未完成的核准额度继续发行

10. 根据合伙企业法律制度的规定，下列各项中属于普通合伙企业的合伙人当然退伙情形的有（　　）。

　　A. 个人丧失偿债能力

　　B. 经全体合伙人一致同意

　　C. 合伙人在合伙企业中的全部财产份额被人民法院强制执行

　　D. 发生合伙人难以继续参加合伙的事由

11. 下列关于国内信用证的表述中，符合票据法律制度规定的有（　　）。

　　A. 不可转让

　　B. 不可撤销

　　C. 不可取现

　　D. 不可跟单

12. 根据民事法律制度的规定，下列关于无效民事行为特征的表述中，正确的有（　　）。

A. 不能通过当事人的行为进行补正

B. 其无效须以当事人主张为前提

C. 从行为开始起就没有法律约束力

D. 其无效须经人民法院或仲裁机构的确认

13. 根据物权法律制度的规定，下列属于《物权法》基本原则的有（　　）。

A. 物权相对原则　　　　　　　　B. 物权法定原则

C. 物权公示原则　　　　　　　　D. 物权客体特性原则

14. 甲公司委托乙证券公司以代销方式公开发行股票6000万股。代销期限届满。投资者认购甲公司股票的数量为4000万股，下列表述中，正确的有（　　）。

A. 加工时应以自由资金购入剩余的2000万股

B. 股票发行失败

C. 甲公司可以更换承销商，继续销售剩余的2000万股

D. 应当返还已收取的4000万股发行价款，并加算银行同期存款利息

三、案例分析题

【案例1】

2015年2月1日，为支付货款，A公司向B公司签发一张以X银行为承兑人、金额为80万元的银行承兑汇票。汇票到期日为2015年8月1日。X银行作为承兑人在汇票票面签章。

3月1日，B公司因急需现金将该汇票背书转让给C公司，C公司向B公司支付现金75万元。

4月1日，C公司将该汇票背书转让给D公司，以支付房屋租金。D公司对B公司与C公司之间票据买卖事实不知情。D公司随即将汇票背书转让给E公司，用于支付装修工程款，并在汇票上注明："本票据转让于工程验收合格后生效"。后E公司施工的装修工程因存在严重质量问题未能通过验收。

5月，E公司被F公司吸收合并，E公司注销了工商登记。6月1日，F公司

为支付材料款将该汇票背书转让给 G 公司。

8月3日，G 公司持该汇票向 X 银行请求付款，X 银行以背书不连续为由拒付。

要求：

根据上述内容，分别回答下列问题：

（1）公司能否因 B 公司的背书转让行为而取得票据权利？并说明理由。

（2）D 公司能否因 C 公司的背书转让行为而取得票据权利？并说明理由。

（3）在装饰工程未能验收合格的情况下，D 公司 E 公司的背书转让是否生效，并说明理由。

（4）在 X 银行拒绝付款时，G 公司应如何证明其是票据权利人？

【案例 2】

2015 年 3 月 2 日，甲将其生产的一批价值 30 万元的设备寄存于乙的仓库，寄存期至 2015 年 4 月 30 日，3 月 5 日，将该批设备抵押给债权人 A 公司，双方签订了抵押合同，但未登记。

3 月 9 日，乙向丙谎称该批备属于自己，以 35 万元的价格将该批设备卖给丙；事后，不知情的丙全额付款取走设备。3 月 16 日，丙将该批设备以 40 万元的价格卖给丁。3 月 20 日，丙交付设备，丁向丙付款。

3月25日，A公司对甲的债权到期，甲无力偿还，A公司就该批设备行使抵押权。此时，甲才得知乙已将该批设备出卖给丙，甲要求乙承担违约责任并要求丙返还设备。丙告知已将设备转卖给丁。甲要求丁返还设备，A公司则向丁主张就该设备行使抵押权，均遭丁拒绝。

4月9日，丁发现该批设备存在严重质量瑕疵，无法使用投入，遂主张解除与丙之间的买卖合同，并要求丙赔偿损失，丙以该质量瑕疵与乙向交付设备时已经存在为由拒绝，丁要求乙对自己承担违约责任。

要求：

根据上述内容，分析回答下列问题。

要求（1）：丙是否取得了从乙处购买的设备的所有权？并说明理由。

要求（2）：甲是否有权要求丁返还设备？并说明理由。

要求（3）：A公司能否就设备行使抵押权？并说明理由。

要求（4）：丁是否有权解除与丙之间的买卖合同？说明理由

要求（5）：丁是否有权要求乙承担违约责任？并说明理由。

要求（6）：对于甲的损失，谁是赔偿义务人？并说明理由。

【案例3】

甲是乙公司的业务经理，后自乙公司辞职，并带走了一份乙公司已盖章的空白合同书。

甲为获取更多的折扣，持盖章的乙公司空白合同书与丙公司签订了一批购买地板的合同。合同约定于 X 年 X 月交货，货到后 3 日内检验，验收合格后，乙公司支付全部价款。

丙公司对甲辞职并不知情，如约履行了合同。丙公司按约定日期将地板交付乙公司，乙公司对该合同予以认可，并同意将该地板以成本价转售给甲，但要求甲提供担保。甲找来丁和戊，丁以自己的一辆小汽车作为抵押为甲担保，但没有办理抵押登记；戊以保证形式为甲提供担保，但未约定是连带保证责任还是一般保证责任。

乙公司在未检验的情况下直接向丙公司结清了全部价款。但甲一直未向乙公司支付价款，乙公司向丁追偿，丁让乙公司找戊，理由是戊提供了保证担保，乙公司向戊主张权利，戊以自己承担的是一般保证责任，应先实现丁的抵押担保为由拒绝。

乙公司多次向甲催要货款，甲仍不支付，乙公司遂解除了与甲的合同，将地板拉回。次日，乙公司发现有 1/3 的地板质量不符合合同约定，故向丙要求退货。

要求：

根据资料，回答下列问题：

（1）乙公司和丙公司签订的合同是否有效？并说明理由。

（2）丁以汽车设定的抵押担保是否有效？并说明理由。

（3）戊以自己是一般保证责任享有先诉抗辩权的理由是否成立？并说明理由。

（4）乙公司是否有权解除与甲的合同？并说明理由。

（5）乙公司是否有权向丙要求退货？并说明理由。

【案例4】

A公司因拖欠B公司债务被诉至人民法院并败诉，判决生效后，经人民法院强制执行，A公司仍无法完全清偿B公司债务。A公司的债权人C公司知悉该情况后，于2014年7月30日向人民法院提出对A公司的破产申请，A公司提出异议：第一，A公司账面资产仍大于负债；第二，C公司并未就其债权向A公司提出清偿要求，因此不能直接判断其债权能否获得清偿。人民法院驳回A公司的异议，于8月12日裁定受理破产申请。

管理人接管A公司后，在清理债权债务过程中发现如下事项：

（1）2013年6月，D公司向甲银行借款80万元，借期1年，A公司以其设备为D公司的借款提供抵押担保，并办理了抵押登记。借款到期后，D公司未能偿还，经A公司、D公司和甲银行协商，A公司用于抵押的设备依法变现，所得价款全部用于偿还借款本息，但尚有14万元未能清偿。

（2）2013年9月，A公司向乙银行借款50万元，借期6个月，E公司为此提供保证担保。2014年2月2日，A公司提前偿还借款。

（3）2013年11月，F公司向A公司订购一批汽车零部件，合同价款30万元，A公司交货后，F公司一直未付款，获悉人民法院受理针对A公司的破产申请后，F公司以30万元的价格受让了G公司对A公司的58万元债权，之后，F公司向管理人主张以其受让G公司的债权抵销所欠A公司的债务。

要求：

根据上述内容，分别回答下列问题：

（1）A公司就破产申请提出的两项异议是否成立？并分别说明理由。

（2）甲银行能否将尚未得到清偿的14万元向管理人申报破产债权？并说明理由。

（3）对A公司提前偿还乙银行借款的行为，管理人是否有权请求人民法院予以撤销？并说明理由。

（4）F公司向管理人提出以其受让G公司的债权抵销所欠A公司债务的主张是否成立？并说明理由。

2015年度注册会计师全国统一考试·经济法考试真题
参考答案深度全面解析与应试重点

一、单项选择题

1.【参考答案】C

【本题考点】国家出资企业管理者的考核

【答案解析】国家建立国家出资企业管理者经营业绩考核制度。履行出资人职责的机构应当对其任命的企业管理者进行年度和任期考核,并依据考核结果决定对企业管理者的奖惩。任期经营业绩考核以3年为考核期。

2.【参考答案】A

【本题考点】可变更或可撤销民事行为

【答案解析】无效的合同或者被撤销的合同自始没有法律约束力,故选项A正确;可撤销民事行为是由于当事人的意思表示不真实(有重大误解或者显失公平),可以因当事人自愿的撤销行为而自始归于无效的民事行为,而效力待定的民事行为指民事法律行为之效力有待于第三人意思表示,在第三人意思表示前,效力处于不确定状态的民事行为,故可撤销的民事行为不等同于效力待定的民事行为,选项B错误;《合同法》第55条规定:具有撤销权的当事人自知道或者应当知道撤销事由之日起一年内没有行使撤销权,撤销权消灭,而不是自撤销事由发生之日起,故选项C错误;合同法第54条明确规定撤销权只有"受损害方"可以行使,因此,撤销权的主体是受害人,不是法院,故选项D错误。

3.【参考答案】D

【本题考点】反垄断法律责任

【答案解析】我国《反垄断法》虽然明确禁止经营者与交易相对人达成固定向第三人转售商品价格的垄断协议,禁止经营者滥用市场支配地位、搭售商品,禁止经营者未经执法机构批准、擅自实施集中,但是未对垄断行为规定刑事责任,因此A、B、C不选。我国《招标投标法》和《刑法》则规定构成串通投标罪的,凡达到刑事责任年龄且具备刑事责任能力的自然人应当承担刑事责任，故选项A正确。

4.【参考答案】D

【本题考点】委托代理合同中受托人的权利义务

【答案解析】根据我国《合同法》第四百零六条规定，无偿的委托合同，因受托人的故意或者重大过失给委托人造成损失的，委托人可以要求赔偿损失，故选项A错误；委托合同履行中，受托人应当亲自处理委托事务；经委托人同意，受托人可以转委托，故选项B错误；受托人完成委托事务的，委托人应当向其支付报酬。因不可归责于受托人的事由，委托合同解除或者委托事务不能完成的，委托人应当向受托人支付相应的报酬，故选项C错误。

5.【参考答案】C

【本题考点】外商投资企业的注册资本与投资总额

【答案解析】注册资本在500万美元至1200万美元之间的，投资总额不得超过注册资本的2.5倍。因此，涉外的投资总额上限为700×2.5=1750万元。答案选C。

6.【参考答案】D

【本题考点】企业国有资产法律制度

【答案解析】《公司法》第六十七条："国有独资公司不设股东会，由国有资产监督管理机构行使股东会职权。国有资产监督管理机构可以授权公司董事会行使股东会的部分职权，决定公司的重大事项，但公司的合并、分立、解散、增加或者减少注册资本和发行公司债券，必须由国有资产监督管理机构决定；其中，重要的国有独资公司合并、分立、解散、申请破产的，应当由国有资产监督管理机构审核后，报本级人民政府批准"。《企业国有资产法》第三十一条："国有独资企业、国有独资公司合并、分立，增加或者减少注册资本，发行债券，分配利润，以及解散、申请破产，由履行出资人职责的机构决定。"第三十二条："国有独资企业、国有独资公司有本法第三十条所列事项的，除依照本法第三十一条和有关法律、行政法规以及企业章程的规定，由履行出资人职责的机构决定的以外，国有独资企业由企业负责人集体讨论决定，国有独资公司由董事会决定。"因此只有选项D，是国有独资公司的董事会决定。

7.【参考答案】C

【本题考点】外商投资纠纷案件的审理及法律适用

【答案解析】当事人在外商投资企业设立、变更等过程中订立的合同，依法律、行政法规的规定应当经外商投资企业审批机关批准后才生效的，自批准之日起生效；未经批准的，人民法院应当认定该合同未生效。当事人请求确认该合同无效的，人民法院不予支持。前款所述合同因未经批准而被认定未生效的，不影响合同中当事人履行报批义务条款及因该报批义务而设定的相关条款的效力。

8.【参考答案】C

【本题考点】董事会和股东会的职权

【答案解析】《公司法》第四十七条规定："董事会对股东会负责，行使下列职权：（1）召集股东会会议，并向股东会报告工作；（2）执行股东会的决议；（3）决定公司的经营计划和投资方案；（4）制订公司的年度财务预算方案、决算方案；（5）制订公司的利润分配方案和弥补亏损方案；（6）制订公司增加或者减少注册资本以及发行公司债券的方案；（7）制订公司合并、分立、解散或者变更公司形式的方案；（8）决定公司内部管理机构的设置；（9）决定聘任或者解聘公司经理及其报酬事项，并根据经理的提名决定聘任或者解聘公司副经理、财务负责人及其报酬事项；（10）制定公司的基本管理制度；（11）公司章程规定的其他职权。"选项C是董事会的职权。根据我国《公司法》规定，有限责任公司的股东会行使的职权包括：（1）决定公司的经营方针和投资计划；（2）选举和更换董事，决定有关董事的报酬事项；（3）选举和更换由股东代表出任的监事，决定有关监事的报酬事项；（4）审议批准董事会的报告；（5）审议批准监事或者监事的报告；（6）审议批准公司的年度财务预算方案、决策方案；（7）审议批准公司的利润分配方案和弥补亏损方案；（8）对公司增加或者减少注册资本做出决议；（9）对发行公司债券做出决议；（10）对股东向股东以外的人转让出资做出决议；（11）对公司合并、分立、变更公司形式、解散和清算事项做出决议；（12）修改公司章程。选项A、B、D是股东会的职权。

9.【参考答案】A

【本题考点】股份有限公司的财务会计报告

【答案解析】股份有限公司的财务会计报告应当在召开股东大会年会的20日前置备于本公司，供股东查阅。答案选A。

10.【参考答案】B

【本题考点】公司借款的限制

【答案解析】股份有限公司不得直接或者通过子公司向董事、监事、高级管理人员提供借款。乙公司属于甲公司的控股子公司，乙公司向李某提供200万元购房借款属于甲公司通过控股子公司提供借款情形，故选项A错误，选项B正确。

11.【参考答案】B

【本题考点】票据行为的形式要件

【答案解析】《票据法》规定："票据金额以中文大写和数码同时记载，二者必须一致，二者不一致的，票据无效。"因此，答案选B。

12.【参考答案】D

【本题考点】法律关系的主体

【答案解析】公民和法人要成为法律关系主体，必须具备权利能力，故选项A错误。我国的法律关系主体主要有：自然人、法人、非法人团体和国家，这里的自然人包括本国公民、外国公民和无国籍人，故选项B错误；分公司不具有法人的资格，故选项C错误。

13.【参考答案】C

【本题考点】合同履行的抗辩权

【答案解析】根据相关法律法规规定，当事人互负债务，有先后履行顺序，先履行一方未履行的，后履行一方有权拒绝其履行要求，这是先履行抗辩权。答案选C。

14.【参考答案】C

【本题考点】有限合伙企业的事务执行

【答案解析】有限合伙企业由"普通合伙人"执行合伙事务，"有限合伙人"不执行合伙事务，不得对外代表有限合伙企业。有限合伙人的下列行为，不视为执行合伙事务：(1) 参与决定普通合伙人入伙、退伙；(2) 对企业的经营管理提出建议；(3) 参与选择承办有限合伙企业审计业务的会计师事务所；(4) 获取经审计的有限合伙企业财务会计报告；(5) 对涉及自身利益的情况，查阅有限合伙企业财务会计账簿等财务资料；(6) 在有限合伙企业中的利益受到侵害时，向有责任的合伙人主张权利或者提起诉讼；(7) 执行事务合伙人怠于行使权利时，督促其行使权利或者为了本企业的利益以自己的名义提起诉讼；(8)依法为本企业提供担保。答案选C。

15.【参考答案】D

【本题考点】贸易救济措施

【答案解析】中国的贸易救济措施主要包括反倾销、反补贴、保障措施，反倾销与反补贴措施针对的是倾销和补贴这样的不公平贸易行为；而保障措施针对的则是公平贸易条件下的特殊情形。答案选D。

16.【参考答案】B

【本题考点】有限责任公司组织机构设置

【答案解析】根据《公司法》第五十条规定："有限责任公司可以设经理，由董事会决定聘任或者解聘"；第五十一条规定："股东人数较少或者规模较小的有限责任公司，可以设一名执行董事，不设董事会。执行董事可以兼任公司经理"；第五十二条规定："有限责任公司设监事会，其成员不得少于三人。股东人数较少或者规模较小的有限责任公司，可以设一至二名监事，不设监事会。"答案选B。

17.【参考答案】C

【本题考点】合伙企业的事务执行

【答案解析】《合伙企业法》第三十条规定："合伙人对合伙企业有关事项做出决议，按照合伙协议约定的表决办法办理。合伙协议未约定或者约定不明确的，实行合伙人一人一票并经全体合伙人过半数通过的表决办法。"答案选C。

18.【参考答案】A

【本题考点】合伙企业的损益分配

【答案解析】《合伙企业法》第三十三条规定："合伙企业的利润分配、亏损分担，按照合伙协议的约定办理；合伙协议未约定或者约定不明确的，由合伙人协商决定；协商不成的，由合伙人按照实缴出资比例分配、分担；无法确定出资比例的，由合伙人平均分配、分担。"答案选A。

19.【参考答案】C

【本题考点】合伙企业法

【答案解析】《合伙企业法》允许普通合伙人以劳务出资，但依《合伙企业法》

第64条的规定，有限合伙人不得以劳务出资，故选项A错误；有限合伙企业中，普通合伙人不管在什么情况之下对外都是承担无限连带责任，故选项B错误；普通合伙人以其在合伙企业中的财产份额出质的，须经其他合伙人一致同意；未经其他合伙人一致同意，其行为无效；有限合伙人可以将其在有限合伙企业中的财产份额出质，但是合伙协议另有约定的除外，故选项C正确；有限合伙企业由普通合伙人执行合伙事务，有限合伙人不执行合伙事务，不得对外代表有限合伙企业，故选项D错误。答案选C。

20.【参考答案】D

【本题考点】大宗交易的交易时间

【答案解析】大宗交易的交易时间为交易日15点至15点30分。答案选D。

21.【参考答案】B

【本题考点】更正登记与异议登记

【答案解析】不动产登记簿记载的权利人不同意更正的，厉害关系人可以申请异议登记；因此事先更正登记，得不到实现的才异议登记，选项A错误；权利人、利害关系人认为不动产登记簿记载的事项错误的，可以申请更正登记，故选项B正确；申请人在异议登记之日起十五日内不起诉，异议登记失效。异议登记失效后，即使没有被涂销，也不发生阻碍善意取得的效果，故选项C错误；异议登记不当，给权利人造成损害的，由申请人承担赔偿责任，选项D错误。

22.【参考答案】B

【本题考点】破产受理前诉讼的审理

【答案解析】《企业破产法》第二十条规定："人民法院受理破产申请后，已经开始而尚未终结的有关债务人的民事诉讼或者仲裁应当中止"，选项B是股东代表诉讼，甲公司并不是诉讼当事人，所以不中止。

23.【参考答案】C

【本题考点】定金

【答案解析】《合同法》规定，收受定金的一方不履行约定的债务的，应当双倍返还定金，故选项A错误；定金一旦交付，定金所有权发生转移，选项B错误；我国现行《担保法》规定，定金应以书面形式约定，不得超过主合同标的额的20%，故选项C正确；当事人既约定违约金，又约定定金的，一方违约时，对方可以选择适用违约金或者定金条款；若选用定金条款，则给付定金的一方不履行约定的债务的，无权要求返还定金；收受定金的一方不履行约定的债务的，应当双倍返还定金，故选项 D 错误。

24.【参考答案】C

【本题考点】操纵市场行为

【答案解析】操纵市场是指单位或者个人以获取利益或减少损失为目的，利用其资金、信息等优势或者滥用职权影响证券市场价格，制造证券市场假象，诱导或致使投资者在不了解事实真相的情况下做出买卖证券的决定。答案选 C。

二、多项选择题

1.【参考答案】A、C

【本题考点】反垄断机构

【答案解析】国家工商总局统一负责垄断协议、滥用市场支配地位、滥用行政权力排除、限制竞争方面的反垄断执法工作，但价格垄断行为除外。限制数量协议、划分市场协议均属于非垄断协议，而价格卡特尔、维持转售价格协议都属于价格垄断协议，答案选 A、C。

2.【参考答案】A、D

【本题考点】我国法律渊源

【答案解析】法律渊源是指法律的来源。法律渊源有正式渊源与非正式渊源之分；法律的正式渊源是指可以从官方法律文件中的明确条文形式中得到的渊源，即宪法、法规、行政规章、司法先例等。而法律的非正式渊源，是指那些具有法律意义，但尚未在正式法律文件中明文阐述或体现的资料和措施，如正义、原则、平等、道德信念、社会倾向等等。选项 A 属于国际条约和协定，是我国作为国际法主题同其他国家或地区缔结的双边、多边协议和其他具有条约、协定性质的文件；选项 B，公立大学不是我国立法主体，其章程不属于法律渊源；选项 C，《中华人民共和国最高人民法院公报》上公布的案例在我国是法院审理案件的参考，不是我国的法律渊源；选项 D，证监会发布的文件属于部门规章。

3.【参考答案】A、B、C

【本题考点】经营者集中附加限制性条件

【答案解析】根据反垄断法律制度的规定，在经营者集中附加限制性条件批准制度中，监督受托人应当符合下列要求：（1）独立于剥离义务人和剥离业务的买方；（2）具有履行受托人职责的专业团队，团队成员应当具有对限制性条件进行监督所需的专业知识、技能及相关经验；（3）提出可行的工作方案；（4）对买方人选确定过程的监督；（5）商务部提出的其他要求。答案选A、B、C。

4.【参考答案】A、B、C

【本题考点】合伙企业的登记事项

【答案解析】《合伙企业登记管理办法》规定，合伙企业的登记事项应当包括（1）名称；（2）主要经营场所；（3）执行事务合伙人；（4）经营范围；（5）合伙企业类型；（6）合伙人姓名或者名称及住所、承担责任方式、认缴或者实际缴付的出资数额、交付期限、出资方式和评估方式。合伙协议约定合伙期限的，登记事项还应当包括合伙期限。执行事务合伙人是法人或者其他组织的，登记事项还应当包括法人或者其他组织委派的代表。因此，答案选A、B、C。

5.【参考答案】A、C

【本题考点】外国投资者并购境内企业安全审查部际联席会议制度

【答案解析】根据《外国投资者并购境内企业安全审查部际联席会议制度》，联席会议在国务院领导下，由国家发展与改革委员会、商务部牵头，根据外资并购所涉及的行业和领域，会同相关部门开展并购安全审查。答案选A、C。

6.【参考答案】A、B、C、D

【本题考点】企业国有资产法律制度

【答案解析】根据相关法律法规规定，履行出资人职责的机构依照法律、行政法规以及企业章程的规定，任免国有独资公司的董事长、副董事长、董事、监事会主席和监事，故选项A、B、C、D当选。

7.【参考答案】A、D

【本题考点】人民币汇率制度

【答案解析】自2005年7月21日起，我国实行的是单一的、以市场供求为基础、参考"一篮子"货币进行调节、有管理的浮动汇率制度。答案选A、D。

8.【参考答案】B、D

【本题考点】公司利润分配顺序

【答案解析】根据《公司法》的规定,公司应当按照下列顺序进行利润分配:

(1)弥补以前年度的亏损,但不得超过税法的弥补期限;

(2)缴纳所得税;

(3)弥补在税前利润弥补亏润之后仍存在的亏损;

(4)提取法定公积金;

(5)提取任意公积金;

(6)向股东分配利润。

公司弥补亏损和提取公积金后所余税后利润,有限责任公司按照股东实缴的出资比例分配,但全体股东约定不按照出资比例分配的除外;股份有限公司按照股东持有的股份分配,但股份有限公司章程规定不按持股比例分配的除外。答案选B、D。

9.【参考答案】A、B、C

【本题考点】非上市公众公司的核准规定

【答案解析】股票向特定对象转让导致股东累计超过200人的股份有限公司,如果在3个月内将股东人数降至200人以内的,可以不提出申请,因此选项A的情形可以豁免核准;在全国中小企业股份转让系统挂牌公开转让股票的非上市公众公司向特定对象发行股票后股东累计不超过200人的,豁免向中国证监会申请核准,因此选项B的情形可以豁免核准;对于股东人数未超过200人的公司申请股票公开转让,中国证监会豁免核准,因此选项C的情形可以豁免核准;公司申请定向发行股票,超过核准文件限定的有效期未发行的,须重新经中国证监会核准后方可发行。选项D中,需要重新申请核准。

10.【参考答案】A、C

【本题考点】普通合伙人的当然退伙和协议退伙

【答案解析】本题考核普通合伙人的退伙。根据相关法律法规规定,合伙人有下列情形之一的,当然退伙:(1)作为合伙人的自然人死亡或者依法宣告死亡;(2)个人丧失偿债能力;(3)作为合伙人的法人或者其他组织依法被吊销营业执照,责令关闭,撤销或者被宣告破产;(4)法律规定或者合伙协议约定合伙人必须具有相关的资格而丧失该资格;(5)合伙人在合伙企业中的全部财产份额被人民法院强制执行。

合伙协议约定合伙期限的，在合伙企业存续期间，有下列情形之一的，合伙人可以退伙：（1）合伙协议约定的退伙事由出现；（2）经全体合伙人一致同意；（3）发生合伙人难以继续参加合伙的事由；（4）其他合伙人严重违反合伙协议约定的义务。合伙人违反上述规定退伙的，应当赔偿由此给合伙企业造成的损失。选项B与选项D属于协议退伙的情形。

11.【参考答案】A、B、C

【本题考点】我国信用证

【答案解析】我国的信用证为不可转让，不可撤销的跟单信用证。因此，选项A、B正确，选项D错误；信用证不能用于支取现金，只能用于转账，选项C正确。答案选A、B、C。

12.【参考答案】A、C

【本题考点】无效民事行为的特征

【答案解析】无效民事行为的特征是：（1）自始无效。从行为开始时起就没有法律约束力；（2）当然无效。不论当事人是否主张，是否知道，也不论是否经过人民法院或者仲裁机构确认，该民事行为当然无效；（3）绝对无效。绝对不发生法律效力，不能通过当事人的行为进行补证。当事人通过一定行为消除无效原因，使之有效，这不是无效民事行为的补证，而是消灭旧的民事行为，成立新的民事法律行为。

13.【参考答案】B、C、D

【本题考点】《物权法》的基本原则

【答案解析】《物权法》的基本原则包括物权法定原则，物权客体特定原则，物权公示原则。故选B、C、D。

14.【参考答案】B、D

【本题考点】股票承销的规定

【答案解析】《证券法》第三十五条规定："股票发行采用代销方式，代销期限届满，向投资者出售的股票数量未达到拟公开发行股票数量百分之七十的，为发行失败。发行人应当按照发行价并加算银行同期存款利息返还股票认购人。"本题中，公开发行股票数量为6000万股，实际认购数量4000万股，少于了其发行总量的70%（4200万股），因此应界定为发行失败，相关的认股款项应返还给认股人，并加算银行同期存款利息。

三、案例分析题

1.【本题考点】票据背书转让相关内容
【参考答案及解析】
（1）C公司不能因为B公司的背书行为而取得票据权利。

理由：根据相关法律法规规定，票据的签发、取得和转让，应当遵循诚实信用的原则，具有真实的交易关系和债权债务关系。BC之间是票据买卖行为，没有真实交易关系，所以背书行为无效，C不能取得票据权利。

（2）D公司能因C公司的背书转让行为而取得票据权利。

理由：根据相关法律法规规定，虽然未以真实交易关系作为原因关系的出票行为无效，被背书人（收款人）不能因此取得票据权利，但由于其是形式上的票据权利人，在其向他人背书转让票据权利时，受让人可能基于善意取得制度而取得票据权利。本题中，D公司对B公司与C公司之间票据买卖事实不知情，可见D公司是基于善意取得制度而取得的票据权利，因此D公司能因C公司的背书转让行为而取得票据权利。

（3）在装饰工程未能验收合格的情况下，D公司E公司的背书转让生效。

理由：根据相关法律法规规定，背书不得附有条件，背书时附有条件的，所附条件不具有汇票上的效力。资料显示，D公司随即将汇票背书转让给E公司，用于支付装修工程款，并在汇票上注明："本票据转让于工程验收合格后生效"。因此根据相关法律法规规定可见，本题中D公司背书时所附条件无效，但D公司E公司的背书转让生效。

（4）根据题中资料，5月，E公司被F公司吸收合并，E公司注销了工商登记。6月1日，F公司为支付材料款将该汇票背书转让给G公司。可见，G可以证明E公司被F公司吸收合并，因此E公司的所有权利、义务均由F公司承受。从而尽管背书不连续，G也可以证明E与F之间权利转移的原因，由此G可以主张票据权利。因为根据相关法律法规规定，以背书转让的汇票，背书应当连续。持票人可以背书的连续来证明其汇票权利；非经背书转让，而以其他合法方式取得汇票的，可依法举证来证明其汇票权利。

2.【本题考点】受让人取得该不动产或者动产的所有权情形、以"合同目的不能实现"为由解除合同的条件、合同违约责任等

【参考答案及解析】

（1）丙取得了设备的所有权。

理由：根据相关法律法规规定，无处分权人将不动产或者动产转让给受让人的，所有权人有权追回；除法律另有规定外，符合下列情形的，受让人取得该不动产或者动产的所有权：

1）受让人受让该不动产或者动产时是善意的；

2）以合理的价格转让；

3）转让的不动产或者动产依据法律规定应当登记的已经登记，不需要登记的已经交付给受让人。

题中资料显示，3月9日，乙向丙谎称该批设备属于自己，以35万元的价格将该批设备卖给丙；事后，不知情的丙全额付款取走设备。因此该事项属于善意取得情形，丙取得设备的所有权。

（2）甲无权要求丁返还设备。

理由：丙在善意取得该设备的所有权后，又在3月16日将该批设备以40万元的价格卖给丁，并且已经交付该设备，动产所有权一般在交付时转移，所以丁取得该设备的所有权，甲无权要求丁返还设备。

（3）A公司不能对该设备行使抵押权。

理由：根据相关法律法规规定，当事人以生产设备、原材料、半成品、产品，正在建造的船舶、航空器，交通运输工具设定抵押，抵押权自抵押合同生效时设立。但未经登记的，不得对抗善意第三人。

题中资料显示：3月5日，甲将该批设备抵押给债权人A公司，双方签订了抵押合同，但未登记。

可见，由于抵押没有登记，因而不能对抗善意第三人，善意第三人丙已经取得所有权，因此A公司不能对该设备行使抵押权。

（4）丁有权解除与丙之间的买卖合同。

理由：根据相关法律法规规定，当事人一方迟延履行债务或者有其他违约行为致使不能实现合同目的，守约方可以主张解除合同。丙的设备存在严重质量瑕疵，无法投入使用，即不能实现合同目的，所以丁有权解除与丙之间的买卖合同。

（5）丁无权要求乙承担违约责任。

理由：根据合同相对性原理，合同只对缔约当事人具有法律约束力，对合同关系以外的第三人不产生法律约束力。因此，合同责任只能在合同关系的当事人之间发生，合同关系以外的人不承担违约责任。本题中，丙、丁是合同当事人，而乙不是该合同当事人，所以乙不对丁承担违约责任，丁无权要求乙承担违约责任。

（6）乙是赔偿义务人。

理由：2015年3月2日，甲将其生产的一批价值30万元设备寄存于乙的仓库，寄存期至2015年4月30日。但在3月9日，乙向丙谎称该批备属于自己，以35万元的价格将该批设备卖给丙。可见，保管人乙未经甲同意，擅自将属于甲的设备进行转让，这属于违约行为，因此乙需要对甲进行赔偿。

3.【本题考点】表见代理、抵押权、保证、解除、买卖合同

【参考答案及解析】

（1）乙公司和丙公司签订的合同有效。

理由：根据相关法律法规规定，行为人没有代理权、超越代理权或者代理权终止后以被代理人名义订立合同，相对人有理由相信行为人有代理权的，该代理行为有效。

本题中资料显示，甲带走了一份乙公司已盖章的空白合同书，导致丙公司有理由相信甲的代理权，所以丙公司可以主张表见代理，因而乙公司和丙公司签订的合同有效。

（2）丁以汽车设定的抵押担保有效。

理由：根据相关法律法规规定，当事人以生产设备、原材料、半成品、产品，正在建造的船舶、航空器，交通运输工具设定抵押，抵押权自抵押合同生效时设立。本题中资料显示，甲找来丁和戊，丁以自己的一辆小汽车作为抵押为甲担保，但没有办理抵押登记。可见，虽然没有办理抵押担保登记，但因丁是以其自身的小汽车（交通工具）作为担保的，符合规定。因此该抵押有效。

（3）戊以自己是一般保证责任人享有先诉抗辩权的理由不成立。

理由：根据相关法律法规规定，当事人在保证合同中对保证方式没有约定或者约定不明确的，承担"连带"保证责任。本题中资料显示，戊以保证形式为甲提供担保，但未约定是连带保证责任还是一般保证责任，则戊承担的连带保证责任不享有先诉抗辩权。

（4）乙公司有权解除与甲的合同。

理由：根据相关法律法规规定，当事人一方迟延履行"主要"债务，经"催告"后在合理期限内仍未履行，守约方可以解除该合同。本题中资料显示，乙公司多次向甲催要货款，甲仍不支付，乙公司遂解除了与甲的合同，将地板拉回。因此乙公司可以解除与甲的合同。

（5）乙公司不能向丙公司要求退货。

理由：根据相关法律法规规定，买受人应当在检验期间内将标的物的数量或者质量不符合约定的情形通知出卖人；买受人怠于通知的，视为标的物的数量或者质量符合约定。本题中，乙公司在未检验的情况下直接向丙公司结清了全部价款，属于买受人未在检验期间内将标的物的数量或者质量不符合约定的情形通知出卖人的情形，可视为标的物的数量或者质量符合约定，因此乙公司无权要求丙公司退货。

4.【本题考点】《破产法》、债权清偿、抵押权

【参考答案及解析】

（1）A公司的两项异议均不成立。

理由：根据《破产法》规定，对于债务人账面资产虽然大于负债，但经人民法院强制执行，无法清偿债务的，人民法院应当认定其明显缺乏清偿能力。其中"经人民法院强制执行，无法清偿债务"意为，只要债务人的任何一个债权人经人民法院强制执行未能得到清偿，其每一个债权人均有权提出破产申请，并不要求申请人自己已经采取了强制执行措施。

在本题中资料显示，A公司因拖欠B公司债务被诉至人民法院并败诉，判决生效后，经人民法院强制执行，A公司仍无法完全清偿B公司债务。由此可认定其明显缺乏清偿能力，则每一个债权人都有权利提出破产申请，故债权人C公司可以提出破产申请。

（2）甲银行不能将尚未得到清偿的14万元向管理人申报破产债权。

理由：根据《破产法》相关规定，如果破产企业仅作为担保人为他人债务提供物权担保，担保债权人的债权虽然在破产程序中可以构成别除权，但因破产企业不是主债务人，在担保物价款不足以清偿担保债权额时，余债不得作为破产债权向破产企业要求清偿，只能向原主债务人求偿。

本题中资料显示，A公司已经履行了设备上设立的抵押权，且不具有对甲银行的债权，所以甲银行无权向管理人申报破产债权。

（3）管理人无权请求人民法院予以撤销。

理由：根据《破产法》相关规定，破产申请受理前1年内债务人提前清偿的未

到期债务，在破产申请受理前已经到期，管理人请求撤销该行为的，人民法院不予支持。

本题中资料显示：A公司2013年9月借款，2014年2月2日，人民法院于8月12日裁定受理破产申请，所以管理人无权请求人民法院予以撤销。

（4）F公司向管理人提出以其受让G公司的债权抵销所欠A公司债务的主张不成立。

理由：根据《破产法》相关规定，债务人的债务人在破产申请受理后取得他人对债务人的债权的，不得抵销。

本题资料显示，F公司是在获悉人民法院受理针对A公司的破产申请后，以30万元的价格受让了G公司对A公司的58万元债权，可见该事项符合"债务人的债务人在破产申请受理后取得他人对债务人的债权的，不得抵销"的规定，故F公司向管理人提出以其受让G公司的债权抵销所欠A公司债务的主张不成立。

2014年度注册会计师全国统一考试·经济法考试真题（A卷）

一、单项选择题

1. 小凡年满 10 周岁，精神健康，智力正常。他在学校门口的文具店看中一块橡皮，定价 2 元，于是用自己的零用钱将其买下，下列关于小凡购买橡皮行为效力的表述中，正确的是（　　）。

   A. 小凡是无民事行为能力人，其购买橡皮的行为须经法定代理人追认方有效

   B. 小凡是限制民事行为能力人，其购买橡皮的行为有效

   C. 小凡是无民事行为能力人，其购买橡皮的行为无效

   D. 小凡是限制民事行为能力人，其购买橡皮的行为须经法定代理人追认方为有效

2. 甲向乙兜售毒品时，虽然提供了真实的毒品作为样品，但实际交付的却是面粉。下列关于该民事行为效力的表述中，正确的是（　　）。

   A. 无效

   B. 可变更、可撤销

   C. 有效

   D. 效力待定

3. 甲公司于 2010 年 3 月 1 日将一台机器寄存于乙公司，2010 年 4 月 1 日，机器因乙保管不善受损，甲公司于 2011 年 3 月 1 日提取机器时发现机器受损，但考虑到两公司之间的长期合作关系，未要求赔偿。后两公司交恶，甲公司遂于 2012 年 9 月 1 日要求乙公司赔偿损失。下列关于赔偿损失的诉讼时效期间的表述中，正确的是（　　）。

   A. 适用 2 年的普通诉讼时效期间，已经届满

   B. 适用 1 年的短期诉讼时效期间，已经届满

   C. 适用 2 年的普通诉讼时效期间，尚未届满

   D. 适用 4 年的长期诉讼时效期间，尚未届满

4.下列关于以无偿划拨方式取得的建设用地使用权期限的表述中,符合物权法律制度规定的是(   )。

A.最长期限为50年

B.最长期限为70年

C.最长期限为30年

D.一般无使用期限的限制

5.根据物权法律制度的规定,以下列权利出质时,质权自权利凭证交付时设立的是(   )。

A.仓单　　　　　　　　　　B.基金份额

C.应收账款　　　　　　　　D.股票

6.甲、乙两公司的住所地分别位于北京和海口,甲向乙购买一批海南产香蕉,3个月后交货,但合同对于履行地点以及价款均无明确约定,双方也未能就有关内容达成补充协议,依照合同其他条款及交易习惯也无法确定,根据合同法律制度的规定,下列关于合同履行价格的表述中,正确的是(   )。

A.按合同订立时海口的市场价格履行

B.按合同履行时海口的市场价格履行

C.按合同履行时北京的市场价格履行

D.按合同订立时北京的市场价格履行

7.根据合同法律制度的规定,下列关于提存的法律效果的表述中,正确的是(   )。

A.标的物提存后,毁损、灭失的风险由债务人承担

B.提存费用由债权人负担

C.债权人提取提存物的权利,自提存之日起2年内不行使则消灭

D.提存期间,标的物的孳息归债务人所有

8.甲上市公司、乙普通合伙企业、丙全民所有制企业和丁公立大学拟共同设立一有限合伙企业,根据合伙企业法律制度的规定,甲、乙、丙、丁中可以成为普通合伙人的是(   )。

A.甲　　　　　　　　　　　B.乙

C.丙　　　　　　　　　　　D.丁

9. 某普通合伙企业的合伙人包括有限责任公司甲、乙，自然人丙、丁，根据合伙企业法律制度的规定，下列情形中，属于当然退伙事由的是（　　）。

A. 甲被债权人申请破产

B. 丙被依法宣告失踪

C. 丁因斗殴被公安机关拘留

D. 乙被吊销营业执照

10. 根据合伙企业法律制度的规定，下列各项中，有限合伙人可用作合伙企业出资的是（　　）。

A. 为合伙企业提供财务管理
B. 债权

C. 社会关系
D. 为合伙企业提供战略咨询

11. 在乙有限责任公司设立过程中，出资人甲以乙公司名义与他人签订一份房屋租赁合同，所租房屋供筹建乙公司之用，乙公司成立后，将该房屋作为公司办公用房，但始终未确认该房屋租赁合同。下列关于房屋租赁合同责任承担的表述中，符合公司法律制度规定的是（　　）。

A. 乙公司承担

B. 甲、乙公司连带承担

C. 甲承担

D. 先由甲承担，乙公司承担补充责任

12. 某有限责任公司共有甲、乙、丙三名股东，因甲无法偿还个人到期债务，人民法院拟依强制执行程序变卖其股权偿债，根据公司法律制度的规定，下列表述中，正确的是（　　）。

A. 人民法院应当征得乙、丙同意，乙、丙在同等条件下有优先购买权

B. 人民法院应当通知公司及全体股东，乙、丙在同等条件下有优先购买权

C. 人民法院应当征得公司及乙、丙同意，乙、丙在同等条件下有优先购买权

D. 人民法院应当通知乙、丙，乙、丙在同等条件下有优先购买权

13. 中国公民甲、乙、丙共同设立一家有限责任公司，根据公司法律制度的规定，该公司必须设立的组织机构是（　　）。

A. 董事会
B. 监事会

C. 股东会
D. 职工代表大会

14. 甲以协议转让方式取得乙上市公司 7% 的股份，之后又通过证券交易所集中竞价交易陆续增持乙公司 5% 的股份，根据证券法律制度的规定，甲需要进行权益披露的时点分别是（   ）。

    A. 其持有乙公司股份 5% 和 10% 时
    B. 其持有乙公司股份 5% 和 7% 时
    C. 其持有乙公司股份 7% 和 12% 时
    D. 其持有乙公司股份 7% 和 10% 时

15. 根据证券法律制度的规定，下列主体中，对招股说明书中的虚假记载承担无过错责任的是（   ）。

    A. 发行人   B. 承销人
    C. 实际控制人   D. 保荐人

16. 甲为乙上市公司的董事，并持有乙公司股票 10 万股，2013 年 3 月 1 日和 3 月 8 日，甲以每股 25 元的价格先后卖出其持有的乙公司股票 2 万股和 3 万股。2013 年 9 月 3 日，甲以每股 15 元的价格买入乙公司股票 5 万股。根据证券法律制度的规定，甲通过上述交易所获收益中，应当收归公司所有的金额是（   ）。

    A. 20 万元   B. 30 万元
    C. 50 万元   D. 75 万元

17. 破产企业甲公司在破产案件受理前因欠缴税款产生滞纳金，下列关于该滞纳金在破产程序中清偿顺位的表述中，符合企业破产法律制度规定的是（   ）。

    A. 该滞纳金属于普通债权，受偿顺位劣后于欠缴税款
    B. 该滞纳金劣后于普通债权受偿
    C. 该滞纳金与欠缴税款处于相同受偿顺位
    D. 该滞纳金不属于破产债权，在破产程序中不予清偿

18. 票据权利人为将票据权利出质给他人而进行背书时，如果未记载"质押""设质"或者"担保"字样，只是签章并记载被背书人名称，则该背书行为的效力是（   ）。

    A. 票据转让
    B. 票据承兑
    C. 票据贴现
    D. 票据质押

19. 甲公司是乙中央企业在香港设立的全资子公司，是乙企业的重要子公司。根据企业国有资产法律制度的规定，下列情形中，需报国资委审核同意的是（　　）。

　　A. 甲公司发行公司债券

　　B. 甲公司为其他企业的银行借款提供担保

　　C. 甲公司减少注册资本

　　D. 乙企业将其所持甲公司30%的股权转让给法国商人丙

20. 下列行为中，涉嫌违反我国《反垄断法》的是（　　）。

　　A. 经国家有关部门批准，中石油、中石化等石油企业联合上调成品油价格

　　B. 某行业协会召集本行业经营者，共同制定本行业产品的定价公式

　　C. 中国移动、中国联通等少数几家国有电信企业共同占据我国电信基础运营业务市场的全部份额

　　D. 某生产企业通过协议，限制分销商转售商品的最高价格

21. 根据反垄断法律制度的规定，下列各项中，属于在从供给角度界定相关商品市场时所应考虑的因素的是（　　）。

　　A. 商品的功能及用途

　　B. 其他经营者的转产成本

　　C. 消费者的消费偏好

　　D. 商品间的价格差异

22. 下列关于外国投资者并购境内企业安全审查的表述中，符合涉外投资法律制度规定的是（　　）。

　　A. 对并购交易的安全审查应当由商务部做出最终决定

　　B. 评估并购交易对国内产业竞争力的影响是安全审查的重要内容

　　C. 拟并购境内企业的外国投资者应按照规定向商务部申请进行并购安全审查

　　D. 国务院有关部门可不经商务部直接向并购安全审查部际联席会议提出审查申请

23. 下列各项中，属于世界贸易组织所称的"单独关税区"的是（　　）。

　　A. 中国（上海）自由贸易试验区　　B. 中国香港特别行政区

　　C. 京津冀一体化都市圈　　　　　　D. 海南经济特区

24.下列关于经常项目外汇收支管理的表述中,符合外汇管理法律制度规定的是( )。

A.我国对经常项目外汇收支实行有限度的自由兑换

B.经营外汇业务的金融机构应当对经常项目外汇收支的真实性进行审核

C.境内个人购汇额度为每人每年等值5万美元,应凭相关贸易单证办理

D.经常项目外汇收入实行强制结汇制

二、多项选择题

1.下列各项中,能导致一定法律关系产生、变更或者消灭的有( )。

A.人的出生　　　　　　　　B.时间的经过

C.侵权行为　　　　　　　　D.自然灾害

2.根据物权法律制度的规定,当事人可申请预告登记的情形有( )。

A.预购商品房

B.房屋所有权转让

C.房屋抵押

D.租赁商业用房

3.根据合同法律制度的规定,下列情形中,买受人可以取得合同解除权的有( )。

A.因出卖人过错导致标的物在交付前灭失

B.因不可抗力导致标的物在交付前灭失

C.出卖人在履行期限届满前明确表示拒绝交付标的物

D.出卖人在履行期限届满后明确表示拒绝交付标的物

4.根据合伙企业法律制度的规定,下列各项中,属于合伙企业财产的有( )。

A.合伙人缴纳的实物出资

B.合伙企业对某公司的债权

C.合伙企业合法接受的赠与财产

D.合伙企业借用的某合伙人的电脑

5.甲、乙分别为某有限合伙企业的普通合伙人和有限合伙人，后甲变更为有限合伙人，乙变更为普通合伙人。下列关于甲、乙对其合伙人性质互换前的企业债务承担的表述中，符合合伙企业法律制度规定的有（   ）。

A.甲对其作为普通合伙人期间的企业债务承担无限连带责任

B.甲对其作为普通合伙人期间的企业债务承担有限责任

C.乙对其作为有限合伙人期间的企业债务承担无限连带责任

D.乙对其作为有限合伙人期间的企业债务承担有限责任

6.根据公司法律制度的规定，股份有限公司采取募集方式设立的，认股人缴纳出资后，有权要求返还出资的情形有（   ）。

A.公司未按期募足股份

B.创立大会决议不设立公司

C.公司发起人抽逃出资、情节严重

D.发起人未按期召开创立大会

7.根据证券法律制度的规定，下列情形中，须经中国证监会核准的有（   ）。

A.甲上市公司向某战略投资者定向增发股票

B.有30名股东的丙非上市股份有限公司拟将其股票公开转让

C.有199名股东的丁非上市股份有限公司拟通过增资引入3名风险投资人

D.乙上市公司向所有现有股东配股

8.甲会计师事务所被人民法院指定为乙企业破产案件中的管理人，甲向债权人会议报告的有关报酬方案的下列内容中，符合企业破产法律制度规定的有（   ）。

A.将乙为他人设定抵押权的财产价值计入计酬基数

B.对受当地政府有关部门指派参与破产企业清算工作的政府官员不发放报酬

C.甲聘用外部专家协助履行管理人职责所需费用从其报酬中支付

D.甲就自己为将乙的抵押财产变现而付出的合理劳动收取适当报酬

9.根据票据法律制度的规定，汇票持票人可以取得期前追索权的情形有（   ）。

A.承兑人被宣告破产   B.付款人被责令终止业务活动

C.承兑附条件   D.出票人被宣告破产

10. 根据企业国有资产法律制度的规定，国有股东协议转让所持上市公司股份时，受让方在受让股份后拥有上市公司实际控制权的，应当满足特定的资格条件，下列关于该特定资格条件的表述中，正确的有（   ）。

   A. 受让方具有明晰的经营发展战略

   B. 受让方或其实际控制人设立3年以上，最近2年连续盈利且无重大违法违规行为

   C. 受让方既可以是法人，也可以是自然人

   D. 受让方具有促进上市公司持续发展和改善上市公司法人治理结构的能力

11. 根据反垄断法律制度的规定中，反垄断执法机构调查涉嫌垄断行为时可以采取必要的调查措施，下列各项中，属于此类措施的有（   ）。

   A. 查阅、复制被调查经营者的有关单证、协议、会计账簿等文件和资料

   B. 查封、扣押相关证据

   C. 进入被调查经营者的营业场所进行检查

   D. 冻结被调查经营者的银行账户

12. 某行业协会组织本行业7家主要企业的领导人召开"行业峰会"，并就共同提高本行业产品价格及提价幅度形成决议，与会企业领导人均于决议上签字，会后，决议以行业协会名义下发全行业企业，与会7家企业的市场份额合计达85%，根据反垄断法律制度的规定，下列表述中，正确的有（   ）。

   A. 行业协会实施了组织本行业经营者达成垄断协议的行为

   B. 7家企业实施了滥用市场支配地位行为

   C. 7家企业实施了达成垄断协议的行为

   D. 行业协会实施了行政性限制竞争行为

13. 在中国领域内履行的下列合同中，专属适用中国法律、不得由当事人意思自主选择合同准据法的有（   ）。

   A. 中外合资经营企业合同

   B. 外商投资企业股权转让合同

   C. 外商投资企业原材料采购合同

   D. 中外合作经营企业合同

14. 下列关于外商投资企业股权质押的表述中，符合涉外投资法律制度与物权法律制度规定的有（　　）。

A. 除法律、行政法规另有规定或者合同另有约定外，股权质押合同自办理质权登记时生效

B. 股东不得质押未缴付出资部分的股权

C. 在股权质押期间，未经全体股东同意，质权人不得转让出质股权

D. 经其他股东一致同意，股东可以将股权质押给本企业

三、案例分析题

【案例1】

2014年5月5日，因A公司未能偿还对B公司的到期债务，B公司向人民法院提出对A公司进行破产清算的申请。

A公司收到人民法院通知后，于5月9日提出异议，认为本公司未达破产界限，理由是：第一，B公司对A公司之债权由C公司提供连带保证，而C公司完全有能力代为清偿该笔债务；第二，尽管A公司暂时不能清偿所欠B公司债务，但其资产总额超过负债总额，不构成资不抵债。经审查相关证据，人民法院发现：虽然A公司的账面资产总额超过负债总额，但其流动资金不足，实物资产大多不能立即变现，无法立即清偿到期债务。据此，人民法院于5月16日裁定受理B公司的破产申请，并指定了管理人。

在该破产案件中，有以下情况：

（1）2014年4月14日，人民法院受理了D公司诉A公司股东甲的债务纠纷案件。D公司主张，因甲未缴纳出资，故应就A公司所欠D公司债务承担出资不实责任。该案尚未审结。

（2）A公司于2013年4月8日向E信用社借款200万元，期限1年。A公司以其所属厂房为该笔借款提供了抵押担保。2014年5月18日，经管理人同意，A公司向E信用社偿还了其所欠200万元借款本金及其利息。经查，A公司用于抵押的厂房市场价值为500万元。有其他债权人提出，A公司向E信用社的清偿行为属于破产申请受理后对个别债权人的债务清偿，故应认定为无效。

（3）2014年6月2日，F公司向管理人提出，根据其与A公司之间的合同约

定，由其提供原材料，委托 A 公司加工了一批产品，现合同到期，要求提货。据查，该批产品价值 50 万元，现存于 A 公司仓库，F 公司已于 2014 年 2 月支付了全部加工费 10 万元。管理人认为该批产品属于债务人财产，故不允许 F 公司提走。

要求：

根据上述内容，分别回答下列问题：

（1）A 公司以 C 公司为其债务提供了连带保证且有能力代为清偿为由，对破产申请提出的异议是否成立？并说明理由。

（2）人民法院以 A 公司现金不足，资产大多不能立即变现清偿债务为由，裁定受理破产申请，是否符合企业破产法律制度的规定？并说明理由。

（3）对于 D 公司诉 A 公司股东甲的债务纠纷案，在程序上人民法院应如何处理？并说明理由。

（4）有关债权人关于 A 公司向 E 信用社清偿行为无效的主张是否成立？并说明理由。

（5）F 公司是否有权提走其委托 A 公司加工的产品？并说明理由。

【案例2】

甲系 A 公司业务员，负责 A 公司与 B 公司的业务往来事宜。2014 年 2 月，甲离职，但 A 公司并未将这一情况通知 B 公司。2014 年 3 月 3 日，甲仍以 A 公司业务员的名义到 B 公司购货，并向 B 公司交付了一张出票人为 A 公司、金额为 30 万元的支票，用于支付货款，但未在支票上记载收款人名称。之后，甲提走货物。后查明，支票上所盖 A 公司公章及其法定代表人人名章均系甲伪造。

B公司于2月20日与公益机构C基金会签订书面协议，约定捐赠30万元用于救灾。3月4日，B公司将该支票交付C基金会，但未在支票上作任何记载。

3月5日，C基金会为支付向D公司购买救灾物品的货款，将自己记载为收款人后，将支票背书转让给D公司。

3月6日，D公司将该支票背书转让给E公司，用于购买生产原料。后发现，E公司向D公司出售的原料存在严重质量问题。

3月10日，E公司将支票背书转让给F大学，用于设立奖学金。

3月11日，F大学向支票所记载的付款银行请求付款时，银行发现支票上A公司及其法定代表人的签章、印章系伪造，遂拒绝付款。

F大学先后向D、E公司进行追索，均遭拒绝。后F大学又向C基金会追索，C基金会向F大学承担票据责任后，分别向B公司和A公司追索，均遭拒绝。

要求：

根据上述内容，分别回答下列问题。

（1）D公司是否有权拒绝F大学的追索？并说明理由。

（2）C基金会向F大学承担票据责任后，是否有权向B公司进行追索？是否有权要求B公司继续履行赠与义务？并分别说明理由。

（3）C基金会是否有权向A公司追索？并说明理由。

（4）C基金会是否有权向甲追索？并说明理由。

【案例3】

2013年3月18日，甲机械公司与乙融资租赁公司接洽融资租赁某型号数控机床事宜，同年4月1日，乙按照甲的要求与丙精密设备公司签订了购买1台某型号数控机床的买卖合同。丁以乙的保证人身份在该买卖合同上签字，但合同中并没有保证条款，丙和丁亦未另行签订保证合同。乙和丙之间签订的买卖合同约定，机床价格为1200万元，乙在缔约当日向丙支付首期价款400万元，丙在收到首期价款后1个月内将机床交付给甲，乙在机床交付之后的8个月内，每月向丙支付价款100万元。

乙与丙签订买卖合同的当日，与甲签订了融资租赁合同，但该合同未就租赁期届满后租赁物所有权的归属做出约定。2013年5月1日，丙依约向甲交付了机床。

2013年8月8日，甲在未告知乙的情况下，以所有权人身份将该机床以市场价格出售给戊，戊不知甲只是机床承租人，收到机床后即付清约定价款。乙知悉上述情况后，以甲不是机床所有权人为由，主张甲戊之间的买卖合同无效，并主张自己仍为机床所有权人，要求戊返还机床。

2013年11月2日，由于乙连续3个月未支付机床价款300万元，丙要求乙一次性支付到期和未到期的全部价款共500万元，乙认为丙无权要求支付尚未到期的200万元价款，并拒绝支付任何款项。丙遂要求丁承担保证责任，丁予以拒绝，理由有二：第一，自己仅在买卖合同上以保证人身份签字，既无具体的保证条款，亦无单独的保证合同，因此保证关系不成立；第二，即使保证成立，因未约定连带责任保证，所成立的也只是一般保证，丙不应在人民法院执行乙的财产之前要求自己担保证责任。

要求：

根据上述内容，分别回答下列问题：

（1）乙关于甲与戊之间的机床买卖合同无效的理由是否成立？并说明理由。

（2）乙关于自己仍为机床所有权人并要求戊返还机床的主张是否成立？并说明理由。

（3）乙关于丙无权要求支付尚未到期的200万元价款的主张是否成立？并说明理由。

（4）丁与丙之间的保证关系是否成立？并说明理由。

（5）丁关于保证方式为一般保证的主张是否成立？并说明理由。

（6）若机床未被甲出售给戊，甲和乙之间的融资租赁合同到期后，机床所有权归属于谁？并说明理由。

【案例 4】

嘉业股份有限公司于 2008 年 6 月在上海证券交易所上市，截至 2013 年 12 月 31 日，股本总额 8 亿元，净资产 6 亿元。2014 年 3 月 5 日，公司董事会对以下几种融资方案进行讨论：

（1）发行优先股方案。具体内容如下：a. 公开发行优先股 3 亿股，筹资 4 亿元；b. 股息率暂定为 6%，以后每年根据市场情况确定股息率；c. 若每年有可分配税后利润的情况下，必须按约定的股息率向优先股股东分配股息；d. 未向优先股股东足额派发股息的差额部分不予累积；e. 优先股分配股息后，还可以同普通股股东一起参加剩余利润分配。

（2）定向增发方案。具体内容如下：非公开发行普通股 2 亿元，以某证券投资基金管理的 3 只基金、7 名自然人和一家境外战略投资者为发行对象（境外战略投资者将在发行结束后报国务院相关部门备案），境外战略投资者在发行结束之日起 12 个月不得转让。

（3）公司债券发行方案。具体内容如下：公开发行公司债券 3 亿元，期限为 5 年，利率为 5%。

董事会对三种方案进行讨论后，认为定向增发方案和公司债券发行方案有不符合规定的地方，且不符合公司的实际情况，所以决定采取优先股发行方案，但对优先股发行方案中部分不符合规定的地方进行了修改，股东大会通过后，经中国证监会核准发行。

2014年8月25日，A公司发布公告，称其已经持有嘉业股份有限公司5%的股份，并拟继续增持。2014年9月10日，A公司再次发布公告称其又增持了嘉业股份有限公司5%的股份，但由于股价持续走高，未来12个月不再增持。经查，8月25日，A公司持有5%的普通股；9月10日A公司持有7%的普通股和3%的优先股。

要求：

根据上述内容，分别回答下列问题：

（1）在优先股发行方案中，有哪些内容不符合规定？并分别说明理由。

（2）在定向增发方案中，发行对象的数量是否符合规定？并说明理由。

（3）在定向增发方案中，引入境外战略投资者的审批程序和认购股份后限定转让的时间是否符合规定？并分别说明理由。

（4）在公司债券发行方案中，有哪些内容不符合规定？并分别说明理由。

（5）A公司于9月10日发布公告的行为是否符合规定？并说明理由。

2014年度注册会计师全国统一考试·经济法考试真题（A卷）参考答案深度全面解析与应试重点

一、单项选择题

1.【参考答案】B

【本题考点】限制民事行为能力人

【答案解析】10周岁以上（包括10周岁）的未成年人或者不能完全辨认自己行为的精神病人属于限制民事行为能力人，限制民事行为能力人订立的纯获益的合同或者与其年龄、智力相适应的合同，直接有效。

在本题中，小凡已经年满10周岁，精神健康，智力正常，属于限制民事行为能力人，因此，其购买橡皮行为直接有效。

2.【参考答案】A

【本题考点】合同无效情形

【答案解析】《合同法》第五十二条规定，有下列情形之一的，合同无效：(1)一方以欺诈、胁迫的手段订立合同，损害国家利益；(2)恶意串通，损害国家、集体或者第三人利益；(3)以合法形式掩盖非法目的；(4)损害社会公共利益；(5)违反法律、行政法规的强制性规定。在本题中，合同中约定的标的物属于违法标的物，故不论实际交付的标的物与样品是否一致，该买卖合同都是无效的。

3.【参考答案】B

【本题考点】诉讼时效与期限

【答案解析】下列的诉讼时效期间为一年：(1)身体受到伤害要求赔偿的；(2)出售质量不合格的商品未声明的；(3)延付或者拒付租金的；(4)寄存财物被丢失或者损毁的。自2011年3月1日起算，至2012年9月1日，该时效期间已经届满。

4.【参考答案】D

【本题考点】建设用地的使用权限

【答案解析】根据相关法律法规，以无偿划拨方式取得的建设用地使用权，除法律、行政法规另有规定外，没有使用期限的限制。答案选 D。

5.【参考答案】A

【本题考点】权利质权

【答案解析】根据《物权法》第二百二十四条规定："以汇票、支票、本票、债券、存款单、仓单、提单出质的，当事人应当订立书面合同。质权自权利凭证交付质权人时设立；没有权利凭证的，质权自有关部门办理出质登记时设立。"答案选 A。

6.【参考答案】A

【本题考点】合同内容约定不明确的履行规则

【答案解析】合同生效后，当事人就质量、价款或者报酬、履行地点等内容没有约定或者约定不明确的，可以协议补充；不能达成补充协议的，按照合同有关条款或者交易习惯确定，仍不能确定，适用下列规定：（1）质量要求不明确的，按照国家标准、行业标准履行；没有国家标准、行业标准的，按照通常标准或者符合合同目的的特定标准履行；（2）价款或者报酬不明确的，按照订立合同时履行地的市场价格履行；（3）履行地点不明确，给付货币的，在接受货币一方所在地履行；交付不动产的，在不动产所在地履行；其他标的，在履行义务一方所在地履行；（4）履行期限不明确的，债务人可以随时履行，债权人也可以随时要求履行，但应当给对方必要的准备时间；（5）履行方式不明确的，按照有利于实现合同目的的方式履行；（6）履行费用的负担不明确的，由履行义务一方负担。本题中，乙公司作为接受货币一方，履行地点为海口，履行价格为订立合同时海口的市场价格。

7.【参考答案】B

【本题考点】提存的法律效果

【答案解析】根据相关法律法规，标的物提存后，毁损、灭失的风险由债权人承担；提存期间，标的物的孳息归提存受领人即债权人所有，故选项 A、D 错误，选项 B 正确；根据合同法，债权人领取提存物的权利，自提存之日起五年内不行使而消灭，提存物扣除提存费用后归国家所有，故选项 C 错误。

8.【参考答案】B

【本题考点】《合伙企业法》

【答案解析】国有独资公司、国有企业、上市公司以及公益性的事业单位、社会团体不得成为普通合伙人。因此，乙只能作为普通合伙人，甲、丙和丁只能作为有限合伙人。答案选B。

9.【参考答案】D

【本题考点】当然退伙事由

【答案解析】《合伙企业法》第四十八条规定："合伙人有下列情形之一的，当然退伙：（1）作为合伙人的自然人死亡或者被依法宣告死亡；（2）个人丧失偿债能力；（3）作为合伙人的法人或者其他组织依法被吊销营业执照、责令关闭、撤销，或者被宣告破产；（4）法律规定或者合伙协议约定合伙人必须具有相关资格而丧失该资格；（5）合伙人在合伙企业中的全部财产份额被人民法院强制执行。"故选D。

10.【参考答案】B

【本题考点】普通合伙企业有限合伙人出资

【答案解析】有限合伙人不得以劳务对合伙企业出资，不执行合伙事务，不对外代表合伙组织，只按出资比例分享利润和分担亏损，并仅以出资额为限对合伙债务承担清偿责任，故选项A、D错误；选项C无法评估作价，不得用于出资。

11.【参考答案】A

【本题考点】合同法

【答案解析】《合同法》规定，发起人以设立中的公司名义对外签订合同，公司成立后合同相对人请求公司承担合同责任的，人民法院应予支持。在本题中，出资人甲以乙公司名义与他人签订一份房屋租赁合同，所租房屋供筹建乙公司之用，应由乙公司承担合同责任。答案选A。

12.【参考答案】B

【本题考点】有限责任公司的股权转让问题

【答案解析】人民法院依照强制执行程序转让股东的股权时，应当通知公司及全体股东，其他股东在同等条件下有优先购买权。其他股东自人民法院通知之日起满"20日"不行使优先购买权的，视为放弃优先购买权。

13.【参考答案】C

【本题考点】有限责任公司组织机构设置

【答案解析】根据《公司法》第五十条规定："有限责任公司可以设经理，由董事会决定聘任或者解聘。"第五十一条规定:"股东人数较少或者规模较小的有限责任公司,可以设一名执行董事,不设董事会。执行董事可以兼任公司经理。"第五十二条规定:"有限责任公司设监事会,其成员不得少于三人。股东人数较少或者规模较小的有限责任公司,可以设一至二名监事,不设监事会。"

14.【参考答案】D

【本题考点】上市公司收购

【答案解析】通过证券交易所的证券交易,投资者持有或者通过协议、其他安排与他人共同持有一个上市公司已发行的股份达到5%时,应当在该事实发生之日起3日内,向中国证监会、证券交易所提交书面报告,通知该上市公司,并予公告。在上述期限内,不得再行买卖该上市公司的股票。投资者持有或者通过协议、其他安排与他人共同持有一个上市公司已发行的股份达到5%之后,其所持上市公司已发行的股份比例每"增加或者减少"5%,应当依照前述规定进行报告和公告。在报告期限内和做出报告、公告后2日内,不得再行买卖该上市公司的股票。那么本题中的披露时点为7%和10%。

15.【参考答案】A

【本题考点】上市公司信息披露

【答案解析】《证券法》第六十九条规定,发行人、上市公司公告的招股说明书、公司债券募集办法、财务会计报告、上市报告文件、年度报告、中期报告、临时报告以及其他信息披露资料,有虚假记载、误导性陈述或者重大遗漏,致使投资者在证券交易中遭受损失的,发行人、上市公司应当承担赔偿责任;发行人、上市公司的董事、监事、高级管理人员和其他直接责任人员以及保荐人、承销的证券公司,应当与发行人、上市公司承担连带赔偿责任,但是能够证明自己没有过错的除外;发行人、上市公司的控股股东、实际控制人有过错的,应当与发行人、上市公司承担连带赔偿责任。由此可见发行人、上市公司承担的是无过错责任。

16.【参考答案】B

【本题考点】股份有限公司股份转让的限制情形

【答案解析】《证券法》第四十七条规定,上市公司董事、监事、高级管理人员、持有上市公司股份5%以上的股东,将其持有的该公司的股票在买入后6个月内卖出,或者在卖出后6个月内又买入,由此所得收益归该公司所有,公司董事会应当收回其所得收益。

在本题中，董事甲应以3月8日最后一次卖出时间作为起算时点，按照3万股来计算短线交易的利润，因此应当收归公司所有的金额为3×（25-15）=30（万元）。

17.【参考答案】A

【本题考点】破产财产的清偿顺序

【答案解析】根据相关法律法规规定，在破产案件"受理前"因欠缴税款产生的滞纳金属于"普通破产债权"，不享有与欠缴税款相同的受偿地位；在破产案件"受理后"因欠缴税款产生的滞纳金，不属于破产债权，在破产程序中不予清偿。答案选A。

18.【参考答案】A

【本题考点】委托收款背书和质押背书

【答案解析】以汇票设定质押时，除了出质人（背书人）签章之外，必须在汇票上记载质押（或者设质、担保）字样作为绝对必要记载事项。如果出质人在汇票上只记载了质押字样未在票据上签章的，或者出质人未在汇票、粘单上记载质押字样而另行签订质押合同、质押条款的，不构成票据质押，形式上构成转让背书。经质押背书，被背书人即取得票据质权（而非票据权利），票据质权人有权以相当于票据权利人的地位行使票据权利，包括行使付款请求权、追索权。质押背书的被背书人并不享有对票据权利的处分权。因此，票据质权人再行转让背书或者质押背书的，背书行为无效。但是，被背书人可以再进行委托收款背书。

19.【参考答案】D

【本题考点】企业国有资产法律制度

【答案解析】根据相关法律法规规定，境外企业转让国有资产，导致中央企业重要子企业由国有独资转为绝对控股、绝对控股转为相对控股或者失去控股地位的，应当按照有关规定报国资委审核同意。

20.【参考答案】B

【本题考点】《反垄断法》的适用范围

【答案解析】根据相关法律法规规定，对于铁路、石油、电信、电网、烟草等重点行业，国家通过立法赋予其垄断性经营权，但是，如果这些国有垄断企业从事垄断协议、滥用市场支配地位行为，或者从事可能排除、限制竞争的经营者集中行为，同样应受《反垄断法》的限制，故选项A、C符合《反垄断法》规定；根据《工商行政管理机关禁止垄断协议行为的规定》，应被禁止的行业协会组织本行业经营者从事垄断协议的行为具体包括：（1）制定、发布含有排除、限制竞争内容的行业协会章程、规则、决定、通知、标准等；（2）召集、组织或者推动本行业的经营者达成含有排除、限制竞争内容的协议、决议、纪要、备忘录等，故选项B违反《反垄断法》；限制分销商转售商品的"最高价格"不属于法律禁止的纵向垄断协议，选项D符合相关法律要求。答案选B。

21.【参考答案】B

【本题考点】反垄断法律制度相关市场界定

【答案解析】从供给角度界定相关商品市场，一般考虑的因素包括：经营者的生产流程和工艺，转产的难易程度，转产需要的时间，转产的额外费用和风险，转产后所提供商品的市场竞争力，营销渠道等，故选B。从需求角度界定相关商品市场，一般考虑以下几个方面的因素：（1）需求者因商品价格或者其他竞争因素变化，转向或者考虑转向购买其他商品的证据；（2）商品的外形、特性、质量和技术特点等总体特征和用途。商品可能在特征上表现出某些差异，但需求者仍可以基于商品相同或者相似的用途将其视为紧密替代品；（3）商品之间的价格差异。通常情况下，替代性较强的商品价格比较接近，而且在价格变化时表现出同向变化趋势。反之，如果两种商品的价格相差悬殊，即使彼此的功能和用途相同或者非常接近，也很难发生竞争关系，也就不可认定为属于同一相关商品市场；（4）商品的销售渠道。销售渠道不同的商品面对的需求者可能不同，相互之间难以构成竞争关系，属于同一相关商品市场的可能性较小；（5）其他重要因素。如需求者偏好或者需求者对商品的依赖程度；可能阻碍大量需求者转向某些紧密替代商品的障碍、风险和成本；是否存在区别定价等。

22.【参考答案】C

【本题考点】外国投资者并购境内企业安全审查制度

【答案解析】我国建立外国投资者并购境内企业安全审查部际联席会议（以下称"联席会议"）制度，具体承担并购安全审查工作，因此不是由商务部做出最终决定，选项A错误；并购安全审查的内容包括：（1）并购交易对国防安全，包括对国防需要的国内产品生产能力、国内服务提供能力和有关设备设施的影响；（2）

并购交易对国家经济稳定运行的影响;(3)并购交易对社会基本生活秩序的影响;(4)并购交易对涉及国家安全关键技术研发能力的影响;故对国内产业"竞争力"的影响不属于并购安全审查的内容,选项B不正确;外国投资者并购境内企业,应由投资者向商务部提出申请。对属于安全审查范围内的并购交易,商务部应在5个工作日内提请联席会议进行审查,不能绕过商务部直接向联席会议提出审查申请,故选项D错误。

23.【参考答案】B

【本题考点】我国对外贸易法律制度

【答案解析】《对外贸易法》规定,中华人民共和国的单独关税区适用该法。我国香港特别行政区、澳门特别行政区和台湾地区已经分别以"中国香港"、"中国澳门"和"台湾、澎湖、金门、马祖单独关税区"(简称"中国台北")加入世贸组织,成为我国的单独关税区。答案选B。

24.【参考答案】B

【本题考点】经常项目

【答案解析】对属于经常项目的各项外汇借贷,可以自由兑换,不予限制,故选项A错误;《外汇管理条例》第十二条规定,经常项目外汇收支应当具有真实、合法的交易基础。经营结汇、售汇业务的金融机构应当按照国务院外汇管理部门的规定,对交易单证的真实性及其与外汇收支的一致性进行合理审查。故选项B正确;目前,对于个人结汇和境内个人购汇实行年度总额管理,年度总额为每人每年等值5万美元,国家外汇管理局根据国际收支状况对年度总额进行调整;个人经常项目项下外汇收支分为经营性外汇收支和非经营性外汇收支,对于个人开展对外贸易产生的"经营性"外汇收支,视同机构按照货物贸易的有关原则进行管理。对于个人的非经营性外汇收支,无需提供贸易单证,选项C错误;经常项目外汇收入实行意愿结汇制,而非强制结汇制,故选项D错误。

二、多项选择题

1.【参考答案】A、B、C、D

【本题考点】法律关系的形成、变更与消灭

【答案解析】法律事实是法律规范所规定的，能够引起一定法律关系产生、变更、消灭的客观情况或现象，可依是否以人们意志为转移分为两类，包括法律事件和法律行为；法律事件是法律规范规定的，不以人们的意志为转移而引起法律关系产生、变更、消灭的客观情况或现象，法律事件又分成社会事件和自然事件两种。法律行为可以分为善意行为、合法行为与恶意行为、违法行为，选项A、B、D属于法律事件，选项C属于法律行为。

2.【参考答案】A、B、C

【本题考点】预告登记的适用范围

【答案解析】《物权法》第六十七条规定，具有下列情形之一的，当事人可以申请预告登记：（1）预购商品房；（2）以预购商品房设定抵押；（3）房屋所有权转让、抵押；（4）法律、法规规定的其他情形。答案选A、B、C。

3.【参考答案】C、D

【本题考点】买受人取得合同解除权的情形

【答案解析】根据合同法规定，因出卖人过错或者不可抗力而导致标的物在交付前灭失的，需要区分该标的物是否为可替代物，从而判断买受人是否可以解除合同。如果标的物为可替代物，可用同类物替代履行，此时买受人不能解除合同，如果标的物为不可替代物，此时买受人可以取得合同解除权，因此，选项A、B以偏概全，不正确。

而出卖人在履行期限届满前或者届满后明确表示拒绝交付标的物的，买受人有权解除合同，选项C、D正确。

4.【参考答案】A、B、C

【本题考点】合伙企业财产的构成

【答案解析】合伙企业财产的包括：

（1）合伙人的出资，合伙企业的原始财产是全体合伙人"认缴"的财产，而非各合伙人"实际缴纳"的财产；

（2）以合伙企业名义取得的收益；

（3）依法取得的其他财产。

答案选A、B、C。

5.【参考答案】A、C

【本题考点】合伙人的性质转变

【答案解析】根据相关法律法规，普通合伙人转变为有限合伙人的，对其作为普通合伙人期间合伙企业发生的债务承担无限连带责任；有限合伙人转变为普通合伙人的，对其作为有限合伙人期间有限合伙企业发生的债务承担无限连带责任。答案选A、C。

6.【参考答案】A、B、D

【本题考点】公司法律制度

【答案解析】《公司法》第九十二条规定，发起人、认股人缴纳股款或者交付抵作股款的出资后，除未按期募足股份、发起人未按期召开创立大会或者创立大会决议不设立公司的情形外，不得抽回其股本。答案选A、B、D。

7.【参考答案】A、C、D

【本题考点】《证券法》

【答案解析】上市公司通过定向增发、配股等方式再融资均须经中国证监会的核准，故选项A、D当选；对于股东人数未超过200人的公司申请其股票公开转让，中国证监会豁免核准，由全国中小企业股份转让系统进行审查，故选项B所述情形不需要上报证监会；通过向特定对象发行股票累计超过200人而成为非上市公众公司的，必须经过中国证监会的核准，故选项C正确。答案选A、C、D。

8.【参考答案】B、C、D

【本题考点】管理人的报酬

【答案解析】担保权人优先受偿的担保物价值原则上不计入管理人报酬的标的额，故选项A错误；清算组中有关政府部门派出的工作人员参与工作的，不收取报酬，故选项B正确；律师事务所、会计师事务所通过聘用本专业的其他社会中介机构或者人员协助履行管理人职责的，所需费用从其报酬中支付；破产清算事务所通过聘用其他社会中介机构或者人员协助履行管理人职责的，所需费用从其报酬中支付。故选项C正确；管理人对担保物的维护、变现、交付等管理工作付出合理劳动的，有权向担保权人收取适当的报酬，故选项D正确。

9.【参考答案】A、B、C

【本题考点】持票人行使期前追索权的法定情形

【答案解析】我国《票据法》规定，在汇票到期日前，有下列情形之一时，持票人可以取得行使期前追索权：（1）被拒绝承兑；（2）付款人死亡、逃匿；（3）承兑人死亡、逃匿；（4）付款人被依法宣告破产或者因违法被责令终止业务活动；（5）承兑人被依法宣告破产或者因违法被责令终止业务活动。答案选 A、B、C。

10.【参考答案】A、B、D

【本题考点】国有股东协议转让特定的资格条件

【答案解析】根据《企业国有资产法律制度》第二十一条规定，受让国有股东所持上市公司股份后拥有上市公司实际控制权的，受让方应为法人，且应当具备以下条件：（1）受让方或其实际控制人设立三年以上，最近两年连续盈利且无重大违法违规行为；（2）具有明晰的经营发展战略；（3）具有促进上市公司持续发展和改善上市公司法人治理结构的能力。受让人应为法人，不能是自然人，故选项C错误。

11.【参考答案】A、B、C

【本题考点】对涉嫌垄断行为的调查

【答案解析】《反垄断法》规定，反垄断执法机构调查涉嫌垄断行为，可以：进入被调查的经营者的营业场所或者其他有关场所进行检查；询问被调查的经营者、利害关系人或者其他有关单位或者个人，要求其说明有关情况；查阅、复制被调查的经营者、利害关系人或者其他有关单位或者个人的有关单证、协议、会计账簿、业务函电、电子数据等文件、资料。反垄断执法机构有权"查询"（而非冻结）经营者的银行账户。

12.【参考答案】A、C

【本题考点】《反垄断法》中行业协会组织从事垄断协议行为的规定

【答案解析】根据《工商行政管理机关禁止垄断协议行为的规定》，法律禁止的行业协会组织本行业经营者从事垄断协议的行为具体包括：（1）制定、发布含有排除、限制竞争内容的行业协会章程、规则、决定、通知、标准等；（2）召集、组织或者推动本行业的经营者达成含有排除、限制竞争内容的协议、决议、纪要、备忘录等，故选A；该行业协会不属于"行政机关和法律、法规授权的具有管理公共事务职能的组织"，谈不上"行政垄断"的问题，故不选D；根据本题资料，7家企业实施了"达成垄断协议"的行为，选项C正确；尽管7家企业的市场份额合计达85%，但不涉及"滥用市场支配地位"的行为，选项B错误。答案选A、C。

13.【参考答案】A、B、D

【本题考点】外商投资合同的法律适用

【答案解析】在中国领域内履行的下列合同，专属适用中国法律，不得由当事人意思自治选择合同准据法或者适用其他法律选择规则：（1）中外合资经营企业合同；（2）中外合作经营企业合同；（3）中外合作勘探、开发自然资源合同；（4）中外合资经营企业、中外合作经营企业、外商独资企业股份转让合同；（5）外国自然人、法人或者其他组织承包经营在中国领域内设立的中外合资经营企业、中外合作经营企业的合同；（6）外国自然人、法人或者其他组织购买中国领域内的非外商投资企业股东的股权的合同；（7）外国自然人、法人或者其他组织认购中国领域内的非外商投资有限责任公司或者股份有限公司增资的合同；（8）外国自然人、法人或者其他组织购买中国领域内的非外商投资企业资产的合同。

14.【参考答案】B、C

【本题考点】外商投资企业股权质押

【答案解析】外商投资企业股东与债权人订立的股权质押合同，除法律、行政法规另有规定或者合同另有约定外，自成立时生效；未办理质权登记的，不影响股权质押合同的效力；当事人仅以股权质押合同未经外商投资企业审批机关批准为由主张合同无效或未生效的，人民法院不予支持，故选项A错误；股东不得质押未缴付出资部分的股权，选项B正确；在股权质押期间，未经全体股东同意，质权人不得转让出质股权，选项C正确；投资者不能将其股权质押给本企业，选项D错误。

三、案例分析题

【案例1】

【本题考点】企业破产原因规定、明显缺乏清偿能力情形、中止审理情形等

【参考答案及解析】

（1）A公司以C公司为其债务提供了连带保证且有能力代为清偿为由，对破产申请提出的异议不成立。

理由：根据相关法律法规规定，债务人不能清偿到期债务并且具有下列情形之

一的，人民法院应当认定其具备破产原因：(1) 资产不足以清偿全部债务；(2) 明显缺乏清偿能力。相关当事人以对债务人的债务负有连带责任的人未丧失清偿能力为由，主张债务人不具备破产原因的，人民法院应不予支持。因此 A 公司以 C 公司为其债务提供了连带保证且有能力代为清偿为由，对破产申请提出的异议不成立。

（2）人民法院的做法符合规定。

理由：债务人账面资产虽大于负债，但存在下列情形之一的，人民法院应当认定其明显缺乏清偿能力：

1）因资金严重不足或者财产不能变现等原因，无法清偿债务；

2）法定代表人下落不明且无其他人员负责管理财产，无法清偿债务；

3）经人民法院强制执行，无法清偿债务；

4）长期亏损且经营扭亏困难，无法清偿债务；

5）导致债务人丧失清偿能力的其他情形。

因此，债务人账面资产虽大于负债，但存在因资金严重不足或者财产不能变现等原因，无法清偿债务的，人民法院应当认定其明显缺乏清偿能力。本题中资料显示，A 公司已经不能清偿其对 B 公司的到期债务，并且明显缺乏清偿能力，因此人民法院应当受理 B 公司对 A 公司提出的破产清算申请。

（3）人民法院应当中止审理。

理由：根据相关法律法规规定，破产申请受理前，债权人提起诉讼主张债务人的出资人等直接向其承担出资不实责任，案件在破产申请受理时尚未审结的，人民法院应当中止审理。本题资料显示，2014 年 4 月 14 日，人民法院受理了 D 公司诉 A 公司股东甲的债务纠纷案件。D 公司主张，因甲未缴纳出资，故应就 A 公司所欠 D 公司债务承担出资不实责任。该案尚未审结。可见符合"破产申请受理前，债权人提起诉讼主张债务人的出资人等直接向其承担出资不实责任，案件在破产申请受理时尚未审结的，人民法院应当中止审理。"的规定，因此人民法院应当中止 D 公司与甲的债务纠纷案件的审理。

（4）有关债权人关于 A 公司向 E 信用社清偿行为无效的主张不成立。

理由：根据《破产法》规定，人民法院受理破产申请后，债务人对个别债权人的债务清偿无效。但是，债务人以其财产向债权人提供物权担保的，其在担保物市场价值内向债权人所作的债务清偿，不受上述规定限制。本题中资料显示，A 公司向 E 信用社偿还了其所欠 200 万元借款本金及其利息。经查，A 公司用于抵押的厂房市场价值为500万元。可见抵押物市场价值大于债务本息，应认为该清偿是有效的。因此其他债权人提出的，A公司向E信用社的清偿行为属于破产申请受理后对个别债权人的债务清偿，故应认定为无效的主张是不成立的。

（5）F公司有权提走其委托A公司加工的产品。

理由：根据相关法律法规规定，债务人基于仓储、保管、承揽、代销、借用、寄存、租赁等合同或者其他法律关系占有、使用的他人财产，不应认定为债务人财产。本题资料显示，A公司基于承揽合同占有F公司的财产，且F公司已付加工费，因此F公司有权提走其委托A公司加工的产品，管理人无权拒绝返还加工物。

【案例2】

【本题考点】票据对价、票据当事人、票据关系和票据的基础关系、票据伪造等

【参考答案及解析】

（1）D公司有权拒绝F大学的追索。

理由：根据相关法律法规规定，持票人取得的票据是无对价或者不相当对价的，由于其享有的权利不能优于其前手，因此票据债务人可以以对抗持票人前手的抗辩事由对抗该持票人。本题中资料显示，E公司交付的货物存在严重的质量问题，D公司有权以此为由对E公司提出抗辩；而F大学无对价取得票据（该支票用于设立奖学金，属于赠与），D公司有权以对抗E公司的事由，对抗F大学。

（2）C基金会向F大学承担票据责任后，无权向B公司进行追索。

理由：B公司未在票据上签章，因此不是票据债务人，不应承担票据责任，因此C基金会向F大学承担票据责任后，无权向B公司进行追索；

C基金会有权要求B公司继续履行赠与义务。

理由：根据相关法律法规规定，具有救灾、扶贫等社会公益、道德义务性质的赠与合同或者经过公证的赠与合同，不得撤销赠与。本题资料显示，BC双方的赠与合同具有社会公益性质，因此B公司不得撤销，C基金会有权要求其继续履行赠与义务。

（3）C基金会无权向A公司追索。

理由：根据相关法律法规规定，在票据伪造的情况下，被伪造人不承担票据责任。资料中显示A公司公章及其财务负责人的签章均为伪造，因此C基金会无权

向 A 公司追索。

（4）C 基金会无权向甲追索。

理由：根据相关法律法规规定，伪造人未以自己名义在票据上签章的，不承担票据责任。从资料中可以看出，甲并未在票据上以自己的名义签章，因此不承担票据责任，故 C 基金会无权向甲追索。

【案例3】

【本题考点】无处分权人订立的合同效力、出卖人要求买受人分期支付到期价款时诉讼时效、保证合同和保证人等

【参考答案及解析】

（1）乙关于甲与戊之间的机床买卖合同无效的理由不成立。

理由：《买卖合同司法解释》第三条规定，当事人一方以出卖人在缔约时对标的物没有所有权或处分权为由主张合同无效的，人民法院不予支持。可见，无所有权或处分权人订立的合同不应因其无所有权或处分权而导致合同无效。

题中资料显示：2013 年 8 月 8 日，甲在未告知乙的情况下，以所有权人身份将该机床以市场价格出售给戊，戊不知甲只是机床承租人，收到机床后即付清约定价款。

可见，虽然甲对该机床无所有权或者处分权，但这并不影响甲与戊之间的买卖合同，因此，乙关于甲与戊之间的机床买卖合同无效的理由不成立。

（2）乙关于自己仍为机床所有权人并要求戊返还机床的主张不成立。

理由：根据物权法规定，转让人虽然没有处分权，但如果受让人为善意，转让价格合理，标的物已交付，转让人基于权利人意思合法占有标的物，受让人即可善意取得标的物所有权。本题中，尽管承租人甲的行为构成无权处分，但戊基于善意取得制度已经依法取得了该机床的所有权，乙已经丧失了对该机床的所有权，乙无权要求戊返还该机床。

（3）乙关于丙无权要求支付尚未到期的 200 万元价款的主张不成立。

理由：根据相关法律法规规定，分期付款的买受人未支付到期价款的金额达到全部价款 1/5 的，出卖人可以要求买受人一并支付到期与未到期的全部价款或者解除合同。本题资料显示，乙未支付的到期价款为 300 万元，已经超过了合同总价款的 1/5，因此丙有权要求乙支付到期与未到期的全部价款，即丙有权要求乙支付 200 万元至 300 万元之间的全部价款。

（4）丁与丙的保证关系成立。

理由：根据相关法律法规规定，主合同中虽然没有保证条款，但保证人在主合同上以保证人的身份签字或者盖章的，保证合同成立。资料显示，丁在买卖合同上以保证人身份签字，虽然无具体的保证条款，亦无单独的保证合同，但仍然产生保证合同的效力，丁与丙的保证关系成立。

（5）丁关于保证方式为一般保证的主张不成立。

理由：根据相关法律法规规定，如果当事人在保证合同中对保证方式没有约定或者约定不明确的，按照连带责任保证承担保证责任。因此，在保证成立的条件下，即使未约定连带责任保证，所成立的也不仅仅是一般保证，可见丁关于保证方式为一般保证的主张不成立。

（6）机床所有权归属于出租人乙。

理由：根据相关法律法规规定，在融资租赁合同中，对租赁物的归属没有约定或者约定不明确的，依照《合同法》有关规定仍不能确定的，租赁物的所有权归出租人。因此机床所有权归属于出租人乙。

【案例4】

【本题考点】优先股发行、主板非公开发行股票、公司债券发行等

【参考答案及解析】

（1）优先股发行方案中，以下内容不符合相关规定：

1）筹资金额不符合规定。

理由：根据相关法律法规规定，公司已发行的优先股不得超过公司普通股股份总数的50%，且筹资金额不得超过发行前净资产的50%。在本题中，嘉业股份有限公司的净资产为6亿元，筹资4亿元超过了净资产的50%；

2）股息率的约定不符合规定。

理由：根据相关法律法规规定，公开发行优先股的，应当在公司章程中规定采取固定股息率；

而本题优先股方案中规定：股息率暂定为6%，以后每年根据市场情况确定股息率。这不符规定。

3）约定差额部分不予累积不符合规定。

理由：根据相关法律法规规定，公开发行优先股的，应当在公司章程中规定，未向优先股股东足额派发股息的差额部分应当累积到下一个会计年度；

而本题优先股方案中规定：未向优先股股东足额派发股息的差额部分不予累

积。这不符合规定。

4)优先股分配股息后,还可以同普通股股东一起参加剩余利润分配不符合规定。

理由:根据相关法律法规规定,公开发行优先股的,应当在公司章程中规定,优先股股东按照约定的股息率分配股息后,不再同普通股股东一起参加剩余利润分配。

而本题优先股方案中规定:优先股分配股息后,还可以同普通股股东一起参加剩余利润分配。这不符合规定。

(2)发行对象的数量符合规定。

理由:根据相关法律法规规定,非公开发行股票的发行对象不得超过10名,其中证券投资基金管理公司以其管理的2只以上的基金认购的,视为1个发行对象。

而在本题中,发行对象为9(7+1+1)名,未超过10名的人数限制。

(3)

1)引入境外战略投资者的审批程序不符合规定。

理由:根据相关法律法规规定,发行对象为境外战略投资者的,应当经国务院相关部门事先批准;

而本题中,定增方案内容为:境外战略投资者将在发行结束后报国务院相关部门备案。

2)限制转让的时间不符合规定。

理由:根据相关法律法规规定,董事会拟引入的境内外战略投资者,认购的股份自发行结束之日起36个月内不得转让。

而本题中,该定增方案内容为:境外战略投资者在发行结束之日起12个月不得转让。

(4)公司债券的发行数额不符合规定。

理由:根据相关法律法规规定,本次发行后累计公司债券余额不超过最近一期期末净资产额的40%。在本题中,嘉业股份有限公司最近一期期末的净资产额为6亿元,拟发行公司债券3亿元,超过了40%。

(5)A公司于9月10日发布公告的行为不符合规定。

理由:根据相关法律法规规定,投资者持有或者通过协议、其他安排与他人共同持有一个上市公司已发行的股份达到5%后,其所持该上市公司已发行的股份比例每增加或者减少5%,应当依照规定进行报告和公告,但表决权未恢复的优先股不计入持股数额。

2014年度注册会计师全国统一考试·经济法考试真题（B卷）

一、单项选择题

1. 下列关于各种法律渊源效力层级由高到低的排序中，正确的是（　　）。
A. 宪法、行政法规、部门规章、法律
B. 宪法、法律、部门规章、行政法规
C. 宪法、行政法规、法律、部门规章
D. 宪法、法律、行政法规、部门规章

2. 甲欠乙 10 万元未还，乙索债时，甲对乙称：若不免除债务，必以硫酸毁乙容貌，乙恐惧，遂表示免除其债务。根据民事法律制度的规定，下列关于该债务免除行为效力的表述中，正确的是（　　）。
A. 有效
B. 可撤销
C. 效力待定
D. 无效

3. 根据民事法律制度的规定，下列情形中，可导致诉讼时效中止的是（　　）。
A. 债权人向人民法院申请支付令
B. 债务人向债权人请求延期履行
C. 未成年债权人的监护人在一次事故中遇难，尚未确定新的监护人
D. 债权人向人民法院申请债务人破产

4. 根据物权法律制度的规定，以下列权利出质时，质权自权利凭证交付时设立的是（　　）。
A. 仓单
B. 基金份额
C. 应收账款
D. 股票

5. 根据合同法律制度的规定，下列关于提存的法律效果的表述中，正确的是（　　）。

　　A. 标的物提存后，毁损、灭失的风险由债务人承担

　　B. 提存费用由债权人负担

　　C. 债权人提取提存物的权利，自提存之日起2年内不行使则消灭

　　D. 提存期间，标的物的孳息归债务人所有

6. 甲、乙两公司的住所地分别位于北京和海口，甲向乙购买一批海南产香蕉，3个月后交货，但合同对于履行地点以及价款均无明确约定，双方也未能就有关内容达成补充协议，依照合同其他条款及交易习惯也无法确定，根据合同法律制度的规定，下列关于合同履行价格的表述中，正确的是（　　）。

　　A. 按合同订立时海口的市场价格履行

　　B. 按合同履行时海口的市场价格履行

　　C. 按合同履行时北京的市场价格履行

　　D. 按合同订立时北京的市场价格履行

7. 建设工程监理是指工程监理人代表发包人对承包人的工程建设情况进行监督，发包人与监理人之间的权利、义务以及法律责任应当依照特定类型的有名合同处理，该有名合同是（　　）。

　　A. 技术服务合同　　　　　　B. 建设工程合同

　　C. 委托合同　　　　　　　　D. 承揽合同

8. 某普通合伙企业的合伙人包括有限责任公司甲、乙，自然人丙、丁，根据合伙企业法律制度的规定，下列情形中，属于当然退伙事由的是（　　）。

　　A. 甲被债权人申请破产

　　B. 丙被依法宣告失踪

　　C. 丁因斗殴被公安机关拘留

　　D. 乙被吊销营业执照

9. 某普通合伙企业合伙人甲，在未告知其他合伙人的情况下，以其在合伙企业中的财产份额出质，其他合伙人知悉后表示反对，根据合伙企业法律制度的规定，下列关于该出质行为效力的表述中，正确的是（　　）。

　　A. 有效　　　　　　　　　　B. 可撤销

　　C. 效力未定　　　　　　　　D. 无效

10. 根据合伙企业法律制度的规定，下列各项中，有限合伙人可用作合伙企业出资的是（   ）。

A. 为合伙企业提供财务管理　　　B. 债权

C. 社会关系　　　　　　　　　　D. 为合伙企业提供战略咨询

11. 根据公司法律制度的规定，在名义股东与实际出资人之间确定投资权益的归属时，应当依据（   ）。

A. 股东名册的记载

B. 其他股东的过半数意见

C. 名义股东与实际出资人之间的合同约定

D. 公司登记机关的登记

12. 某上市公司拟聘任独立董事一名，甲为该公司人力资源总监的大学同学，乙为该公司中持股7%的某国有企业的负责人，丙曾任该公司财务部经理，半年前离职，丁为某大学法学院教授、兼职担任该公司子公司的法律顾问，根据公司法律制度的规定，可以担任该公司独立董事的是（   ）。

A. 甲　　　　　　　　　　　　　B. 乙

C. 丙　　　　　　　　　　　　　D. 丁

13. 某有限责任公司共有甲、乙、丙三名股东，因甲无法偿还个人到期债务，人民法院拟依强制执行程序变卖其股权偿债，根据公司法律制度的规定，下列表述中，正确的是（   ）。

A. 人民法院应当征得乙、丙同意，乙、丙在同等条件下有优先购买权

B. 人民法院应当通知公司及全体股东，乙、丙在同等条件下有优先购买权

C. 人民法院应当征得公司及乙、丙同意，乙、丙在同等条件下有优先购买权

D. 人民法院应当通知乙、丙，乙、丙在同等条件下有优先购买权

14. 甲公司为发起设立的股份有限公司，现有股东199人，尚未公开发行或者转让过任何股票。根据证券法律制度的规定，下列情形中，需要向中国证监会申请核准的是（   ）。

A. 股东乙向一位朋友转让部分股票

B. 股东丙将其持有的部分股票分别转让给丁和戊，约定2个月后全部买回

C. 甲公司向全国中小企业股份转让系统申请其股票公开转让

D. 甲公司向两家投资公司定向发行股票各500万股

15. 甲以协议转让方式取得乙上市公司 7% 的股份，之后又通过证券交易所集中竞价交易陆续增持乙公司 5% 的股份，根据证券法律制度的规定，甲需要进行权益披露的时点分别是（   ）。

　　A. 其持有乙公司股份 5% 和 10% 时
　　B. 其持有乙公司股份 5% 和 7% 时
　　C. 其持有乙公司股份 7% 和 12% 时
　　D. 其持有乙公司股份 7% 和 10% 时

16. 根据证券法律制度的规定，下列主体中，对招股说明书中的虚假记载承担无过错责任的是（   ）。

　　A. 发行人　　　　　　　　　B. 承销人
　　C. 实际控制人　　　　　　　D. 保荐人

17. 甲商业银行破产清算时，已支付清算费用、所欠职工工资和劳动保险费用。根据企业破产法律制度的规定，其尚未清偿的下列债务中，应当优先偿还的是（   ）。

　　A. 购买办公设备所欠货款
　　B. 企业账户中的存款本金及利息
　　C. 个人储蓄存款的本金及利息
　　D. 欠缴监管机构的罚款

18. 票据权利人为将票据权利出质给他人而进行背书时，如果未记载"质押""设质"或者"担保"字样，只是签章并记载被背书人名称，则该背书行为的效力是（   ）。

　　A. 票据转让　　　　　　　　B. 票据承兑
　　C. 票据贴现　　　　　　　　D. 票据质押

19. 根据企业国有资产法律制度的规定，国有独资公司发生的下列事项中，除其他法律、行政法规或者公司章程有特别规定外，应当由履行出资人职责的机构决定的是（   ）。

　　A. 为他人提供大额担保
　　B. 转让重大财产
　　C. 分配利润
　　D. 进行重大投资

20. 在"唐山人人诉百度滥用市场支配地位案"中，人民法院将该案的相关市场界定为"中国搜索引擎服务市场"，根据反垄断法律制度的规定，"搜索引擎服务"属于（   ）。

　　A. 相关商品市场　　　　　　　B. 相关创新市场
　　C. 相关时间市场　　　　　　　D. 相关技术市场

21. 根据反垄断法律制度的规定，下列各项中，属于在从供给角度界定相关商品市场时所应考虑的因素的是（   ）。

　　A. 商品的功能及用途
　　B. 其他经营者的转产成本
　　C. 消费者的消费偏好
　　D. 商品间的价格差异

22. 下列各项中，属于世界贸易组织所称的"单独关税区"的是（   ）。

　　A. 中国（上海）自由贸易试验区
　　B. 中国香港特别行政区
　　C. 京津冀一体化都市圈
　　D. 海南经济特区

23. 下列关于外国投资者并购境内企业安全审查的表述中，符合涉外投资法律制度规定的是（   ）。

　　A. 对并购交易的安全审查应当由商务部做出最终决定
　　B. 评估并购交易对国内产业竞争力的影响是安全审查的重要内容
　　C. 拟并购境内企业的外国投资者应按照规定向商务部申请进行并购安全审查
　　D. 国务院有关部门可不经商务部直接向并购安全审查部际联席会议提出审查申请

24. 下列关于经常项目外汇收支管理的表述中，符合外汇管理法律制度规定的是（   ）。

　　A. 我国对经常项目外汇收支实行有限度的自由兑换
　　B. 经营外汇业务的金融机构应当对经常项目外汇收支的真实性进行审核
　　C. 境内个人购汇额度为每人每年等值5万美元，应凭相关贸易单证办理
　　D. 经常项目外汇收入实行强制结汇制

二、多项选择题

1. 下列各项中，能导致一定法律关系产生、变更或者消灭的有（　　）。
   A. 人的出生　　　　　　　　　　B. 时间的经过
   C. 侵权行为　　　　　　　　　　D. 自然灾害

2. 根据物权法律制度的规定，当事人可申请预告登记的情形有（　　）。
   A. 预购商品房　　　　　　　　　B. 房屋所有权转让
   C. 房屋抵押　　　　　　　　　　D. 租赁商业用房

3. 根据合同法律制度的规定，合同中的下列免责条款中，无效的有（　　）。
   A. 排除因故意造成对方人身伤害的责任
   B. 排除因故意造成对方财产损失的责任
   C. 排除因重大过失造成对方财产损失的责任
   D. 排除因重大过失造成对方人身伤害的责任

4. 根据合伙企业法律制度的规定，下列各项中，属于合伙企业财产的有（　　）。
   A. 合伙人缴纳的实物出资　　　　B. 合伙企业对某公司的债权
   C. 合伙企业合法接受的赠与财产　D. 合伙企业借用的某合伙人的电脑

5. 某产业投资基金的组织形式为有限合伙企业，其有限合伙人的下列行为中，符合合伙企业法律制度规定的有（　　）。
   A. 担任该基金总经理
   B. 参与选择承办该基金审计业务的会计师事务所
   C. 依法为该基金提供担保
   D. 对该基金的经营管理提出建议

6. 根据公司法律制度的规定，股份有限公司采取募集方式设立的，认股人缴纳出资后，有权要求返还出资的情形有（　　）。
   A. 公司未按期募足股份　　　　　B. 创立大会决议不设立公司
   C. 公司发起人抽逃出资、情节严重　D. 发起人未按期召开创立大会

7. 根据证券法律制度的规定，下列情形中，须经中国证监会核准的有（   ）。

A. 甲上市公司向某战略投资者定向增发股票

B. 有30名股东的丙非上市股份有限公司拟将其股票公开转让

C. 有199名股东的丁非上市股份有限公司拟通过增资引入3名风险投资人

D. 乙上市公司向所有现有股东配股

8. 甲会计师事务所被人民法院指定为乙企业破产案件中的管理人，甲向债权人会议报告的有关报酬方案的下列内容中，符合企业破产法律制度规定的有（   ）。

A. 将乙为他人设定抵押权的财产价值计入计酬基数

B. 对受当地政府有关部门指派参与破产企业清算工作的政府官员不发放报酬

C. 甲聘用外部专家协助履行管理人职责所需费用从其报酬中支付

D. 甲就自己为将乙的抵押财产变现而付出的合理劳动收取适当报酬

9. 根据票据法律制度的规定，下列关于票据质押背书的表述中，正确的有（   ）。

A. 被背书人可以行使付款请求权　　B. 被背书人可以再进行转让背书

C. 被背书人可以再进行委托收款背书　D. 被背书人可以行使追索权

10. 根据企业国有资产法律制度的规定，中央企业所属境外企业发生某些有重大影响的突发事件时，应当立即报告中央企业，下列各项中，属于此类事件的有（   ）。

A. 境外企业的开户银行破产

B. 境外企业发生重大资产损失

C. 境外企业受到所在地监管部门处罚，产生重大不良影响

D. 境外企业所在地发生重大群体性事件

11. 下列垄断协议中，须由经营者证明不会严重限制相关市场的竞争且能使消费者分享由此产生的利益，才能获得《反垄断法》豁免的有（   ）。

A. 为改进技术、研究开发新产品达成的垄断协议

B. 为实现节约能源、保护环境、救灾救助等社会公共利益达成的垄断协议

C. 为保障对外贸易和对外经济合作中的正当利益达成的垄断协议

D. 为提高中小经营者经营效率、增强中小经营者竞争力达成的垄断协议

12. 某行业协会组织本行业7家主要企业的领导人召开"行业峰会",并就共同提高本行业产品价格及提价幅度形成决议,与会企业领导人均于决议上签字,会后,决议以行业协会名义下发全行业企业,与会7家企业的市场份额合计达85%,根据反垄断法律制度的规定,下列表述中,正确的有(　　)。

A. 行业协会实施了组织本行业经营者达成垄断协议的行为

B. 7家企业实施了滥用市场支配地位行为

C. 7家企业实施了达成垄断协议的行为

D. 行业协会实施了行政性限制竞争行为

13. 在中国领域内履行的下列合同中,专属适用中国法律、不得由当事人意思自主选择合同准据法的有(　　)。

A. 中外合资经营企业合同

B. 外商投资企业股权转让合同

C. 外商投资企业原材料采购合同

D. 中外合作经营企业合同

14. 下列关于资本项目外汇收支管理的表述中,符合外汇管理法律制度规定的有(　　)。

A. 外商直接投资的汇入和汇出均须在外汇局办理登记

B. 境内机构境外直接投资所获利润可以留存境外继续用于直接投资,也可汇回境内

C. 合格境外机构投资者(QFII)的资格和投资额度由外汇局负责审定

D. 境内机构向境外直接投资,须由外汇局对外汇资金的来源进行审核

三、案例分析题

【案例1】

2013年10月15日,人民法院根据债权人申请受理了A公司破产清算案,并指定了管理人。在该破产案件中,存在以下情况:

(1)根据A公司章程的规定,股东分两期缴纳出资,其中,第一期出资于2011年2月1日公司设立时缴纳,第二期出资于2014年2月28日前缴纳。B公

司和 C 公司均为 A 公司创始股东，其中 B 公司按时缴纳了第一期出资，C 公司尚未缴纳任何出资。管理人要求 B 公司和 C 公司补缴其各自认缴的出资，被两公司拒绝，两公司提出，公司章程规定的第二期出资的缴纳期限尚未到期，因此目前无需缴纳，C 公司还主张，虽然其未按公司章程规定的期限缴纳第一期出资，但由于其未履行出资缴纳义务的行为已经超过 2 年的诉讼时效，故可不再缴纳。

（2）2013 年 1 月起，A 公司出现破产迹象，但公司董事、监事和高级管理人员仍然领取了绩效奖金。2013 年 4 月起，A 公司普遍拖欠职工工资，但公司董事、监事和高级管理人员仍然领取工资。

（3）2013 年 9 月，A 公司向 D 公司订购一台设备，根据双方合同的约定，A 公司向 D 公司支付了 30% 的货款，D 公司将该设备向 A 公司发运。获悉人民法院受理 A 公司破产案件后，D 公司立即向 A 公司主张取回在运途中的设备，并通知承运人中止运输、返回货物。但因承运人原因，未能取回设备。2013 年 10 月 17 日，管理人收到设备。

要求：

根据上述内容，分别回答下列问题。

（1）B、C 两公司关于 A 公司章程规定的第二期出资的缴纳期限尚未截止，目前无需缴纳的主张是否成立？并说明理由。

（2）C 公司关于其未履行出资缴纳义务已经超过诉讼时效，可不再缴纳出资的主张是否成立？并说明理由。

（3）对于 A 公司董事、监事和高级管理人员在公司发生破产原因后领取绩效奖金及在普遍拖欠职工工资的情况下领取工资的行为，管理人应分别如何处理？

（4）管理人收到设备后，D 公司还能否向管理人主张出卖人取回权？并说明理由。

【案例2】

2013年3月2日，甲公司为支付货款，向乙公司签发一张票面金额为40万元的银行承兑汇票，承兑银行A银行已经签章，票据到期日为2013年9月2日。

2013年4月28日，乙公司为支付货款，拟将该汇票背书转让给丙公司，遂在背书人签章一栏签章背书，但未填写被背书人名称，亦未交付。

2013年5月1日，乙公司财务人员王某利用工作之便，盗走存放于公司保险柜中的该汇票，乙公司未能及时发觉。

王某盗取汇票后，未在汇票上进行任何记载即直接交付给丁公司，换取现金。2013年5月18日，丁公司将该空白背书汇票交付给戊公司，用以支付所欠货款，丁公司和戊公司当时对王某盗取汇票一事均不知情，戊公司对于该汇票系丁公司以现金自王某处换取一事也不知情。戊公司在汇票被背书人栏内补记了自己的名称。

2013年5月20日，乙公司发现汇票被盗，遂于当日向公安机关报案，并向人民法院申请公示催告，人民法院于2013年5月21日发出公告，公告期间，无人申报票据权利，但因律师工作失误，乙公司未向人民法院申请做出除权判决，法院遂于2013年8月25日裁定终结公示催告程序。

2013年9月5日，戊公司向承兑人A银行提示付款，A银行按照汇票金额向戊公司支付了款项。

要求：

根据上述内容，分别回答下列问题：

（1）王某是否取得票据权利？并说明理由。

（2）丁公司是否取得票据权利？并说明理由。

（3）戊公司是否取得票据权利？并说明理由。

（4）A银行的付款行为是否正当？并说明理由。

【案例3】

2007年11月，A公司向B银行借款2000万元，期限2年；A公司将其所属一栋房屋作为抵押并办理了抵押权登记。

2008年1月，A公司与C公司签订书面合同，将该房屋出租给C公司，租期5年，月租金5万元，每年1月底前一次付清全年租金。2009年1月，经A公司同意，C公司与D公司订立书面合同，将该房屋转租给D公司，租期4年，月租金8万元。根据约定，D公司的租金缴付方式为：每年1月底前向C公司缴付3万元，向A公司缴付5万元。但合同签订后，D公司除向C公司缴付了3万元租金外，一直未向A公司缴付，C公司也未向A公司缴付2009年租金。

后A公司无力清偿对B银行的借款，经B银行同意，A公司于2009年底与E公司签订买卖合同，以2000万元的市场价格将房屋售与E公司，并约定2010年1月初办理过户登记。

2010年1月1日，D公司因违反约定使用房屋引发火灾，造成房屋损失100万元。C公司为此解除了与D公司的转租合同并收回房屋。1月5日，C公司对因火灾造成的房屋损失向A公司赔偿100万元。

A公司与E公司于2010年1月6日依约办理了房屋过户手续。E公司要求C公司腾退房屋，C公司以"买卖不破租赁"为由予以拒绝。次日，C公司进而向A公司主张，A公司未告知其房屋出售之事，侵害了自己的优先购买权，A公司和E公司之间的买卖合同因此无效，E公司并未取得房屋所有权。

E公司发现房屋受损，经与A公司协商，E公司在应支付房屋价款中扣除100万元，只向A公司支付了1900万元。A公司将此1900万元支付给B银行，B银行则认为，其对于A公司因房屋受损而获得的100万元赔偿款也享有优先受偿权。此外，A公司和E公司均认为，欠缴的2009年全年租金应由自己收取。

要求：

根据上述内容，分别回答下列问题。

（1）C公司关于A公司和E公司之间的房屋买卖合同无效的主张是否成立？并说明理由。

（2）C公司能否以"买卖不破租赁"为由拒绝E公司腾退房屋的要求？并说明理由。

（3）C公司是否有权解除与D公司的租赁合同？并说明理由。

（4）C公司是否有义务就房屋毁损向A公司赔偿100万元？并说明理由。

（5）B银行关于其对A公司获得的100万元赔偿款享有优先受偿权的主张是否成立？并说明理由。

（6）是A公司还是E公司有权主张欠缴的2009年全年的房屋租金？应向C公司还是D公司主张该租金？并分别说明理由。

【案例4】

大华股份有限公司（以下简称"大华公司"）于2006年在上海证券交易所上市，普通股总数为5亿股，甲、乙分别持有大华公司31%和25%的股份。截至2013年年底，大华公司净资产额为10亿元，最近3年可分配利润分别为3000万元、2000万元和1000万元。2014年2月，大华公司董事会决定，拟公开发行公司债券筹资5亿元，期限为5年，年利率为6%，财务顾问四维公司认为，大华公司的净资产和利润情况均不符合发行公司债券的条件，建议考虑其他融资途径。

2014年3月，大华公司董事会做出决议，拟公开发行优先股，并制定方案如下：（1）发行优先股3亿，拟募资5亿元；（2）第一年股息率为6%，此后每两年根据市场利率调整一次；（3）优先股股东按照约定股息率分配股息后，还可以与普通股股东一起参加剩余利润分配。2014年4月，在大华公司召开的年度股东大会上，优先股融资方案未获通过。

由于融资无望，大华公司股价持续走低。2014年5月8日，丙公司通知大华公司和上海证券交易所，同时发布公告，称其已于4月27日与大华公司的股东丁成达成股权转让协议，拟收购丁持有的大华公司7%的股权。与此同时，甲宣布将在未来12个月内增持大华公司不超过2%的股份。

某媒体经调查后披露，丙与乙共同设有一普通合伙企业，因此，丙与乙构成一致行动人，丙在收购丁持有的大华公司7%的股权时必须采取要约收购方式。该媒体还披露，2014年4月28日，股民A和B均在亏本卖出其证券账户中的全部股票后，分别买入大华公司股票10万股和15万股，此前两人均未买卖过大华公司股票，A是股东丁之妻，B与丙公司董事长C系好友。

中国证监会调查发现，B与C曾于4月27日晚间通话，两人对此次交易均未提供合理解释；有关媒体披露的情况属实。

要求：

根据上述内容，分别回答下列问题：

（1）四维公司关于大华公司的净资产和利润情况均不符合发行公司债券条件的判断是否正确？并分别说明理由。

（2）大华公司董事会提出的优先股融资方案中有哪些内容不符合相关规定？并分别说明理由。

（3）有关媒体关于丙与乙构成一致行动人的说法是否符合法律规定？并说明理由。

（4）有关媒体关于丙在收购丁所持大华公司7%的股权时必须采取要约收购方式的说法是否符合法律规定？并说明理由。

（5）甲增持大华公司2%股份是否必须采取要约收购方式？并说明理由。

（6）A和B买卖大华公司股票的行为是否构成内幕交易？并说明理由。

2014年度注册会计师全国统一考试·经济法考试真题（B卷）参考答案深度全面解析与应试重点

一、单项选择题

1.【参考答案】D

【本题考点】法律渊源

【答案解析】宪法由全国人民代表大会制定，具有最高的法律效力；法律由全国人民代表大会及其常委会制定，其效力仅次于宪法；行政法规由国务院制定，其效力仅次于宪法和法律；部门规章由国务院及其直属机构制定，所以从法律效力来说，宪法＞法律＞行政法规＞部门规章。

2.【参考答案】D

【本题考点】无效的民事行为

【答案解析】根据相关法律法规，因胁迫而实施的单方民事行为（如债务的免除），属于无效民事行为。答案选D。

3.【参考答案】C

【本题考点】诉讼时效中止的法定事由和诉讼时效中断的法定事由

【答案解析】诉讼时效中止的法定事由有以下两种：（1）不可抗力。如水灾、地震、战争等；（2）其他障碍。如权利被侵害的无民事行为能力人或者限制民事行为能力人没有法定代理人或者法定代理人死亡、丧失代理权、丧失行为能力等。诉讼时效中断的法定事由有以下三种：（1）权利人提起诉讼；（2）权利人在诉讼外向义务人提出权利要求；（3）义务人向权利人表示同意履行义务。选项A、B、D属于诉讼时效中断的事由，选项C属于诉讼时效中止的事由，故选C。

4.【参考答案】A

【本题考点】权利质权

【答案解析】根据《物权法》第224条规定，以汇票、支票、本票、债券、存款单、仓单、提单出质的，当事人应当订立书面合同。质权自权利凭证交付质权人时设立；没有权利凭证的，质权自有关部门办理出质登记时设立。答案选A。

5.【参考答案】B

【本题考点】提存的法律效果

【答案解析】根据相关法律法规，标的物提存后，毁损、灭失的风险由债权人承担；提存期间，标的物的孳息归提存受领人即债权人所有，故选项A、D错误，选项B正确；根据合同法，债权人领取提存物的权利，自提存之日起五年内不行使而消灭，提存物扣除提存费用后归国家所有，故选项C错误。答案选B。

6.【参考答案】A

【本题考点】合同内容约定不明确的履行规则

【答案解析】合同生效后，当事人就质量、价款或者报酬、履行地点等内容没有约定或者约定不明确的，可以协议补充；不能达成补充协议的，按照合同有关条款或者交易习惯确定，仍不能确定，适用下列规定：（1）质量要求不明确的，按照国家标准、行业标准履行；没有国家标准、行业标准的，按照通常标准或者符合合同目的的特定标准履行；（2）价款或者报酬不明确的，按照订立合同时履行地的市场价格履行；（3）履行地点不明确，给付货币的，在接受货币一方所在地履行；交付不动产的，在不动产所在地履行；其他标的，在履行义务一方所在地履行；（4）履行期限不明确的，债务人可以随时履行，债权人也可以随时要求履行，但应当给对方必要的准备时间；（5）履行方式不明确的，按照有利于实现合同目的的方式履行；（6）履行费用的负担不明确的，由履行义务一方负担。本题中，乙公司作为接受货币一方，履行地点为海口，履行价格为订立合同时海口的市场价格。答案选A。

7.【参考答案】C

【本题考点】建设工程合同

【答案解析】建设工程实行监理的，发包人应当与监理人采用书面形式订立委托监理合同。发包人与监理人的权利和义务以及法律责任，应当依照《合同法》委托合同以及其他有关法律、行政法规的规定。答案选C。

8.【参考答案】D

【本题考点】当然退伙事由

【答案解析】《合伙企业法》第48条规定："合伙人有下列情形之一的，当然退伙：(1)作为合伙人的自然人死亡或者被依法宣告死亡；(2)个人丧失偿债能力；(3)作为合伙人的法人或者其他组织依法被吊销营业执照、责令关闭、撤销，或者被宣告破产；(4)法律规定或者合伙协议约定合伙人必须具有相关资格而丧失该资格；(5)合伙人在合伙企业中的全部财产份额被人民法院强制执行"，故选D。

9. 【参考答案】D

【本题考点】普通合伙人

【答案解析】根据《合伙企业法》规定，普通合伙人以其在合伙企业中的财产份额出质的，须经其他合伙人一致同意，未经其他合伙人一致同意，其行为无效；有限合伙人可以将其在有限合伙企业中的财产份额出质，但是合伙协议另有约定的除外。

10. 【参考答案】B

【本题考点】普通合伙企业有限合伙人出资

【答案解析】有限合伙人不得以劳务对合伙企业出资，不执行合伙事务，不对外代表合伙组织，只按出资比例分享利润和分担亏损，并仅以出资额为限对合伙债务承担清偿责任，故选项A、D错误；有限合伙人可将其债权用作合伙企业出资，选项B正确；因社会关系无法评估作价，所以不得用于出资，选项C错误。答案选B。

11. 【参考答案】C

【本题考点】名义股东与实际出资人

【答案解析】《公司法》第二十五条规定，有限责任公司的实际出资人与名义出资人订立合同，约定由实际出资人出资并享有投资权益，以名义出资人为名义股东，实际出资人与名义股东对该合同效力发生争议的，如无合同法第五十二条规定的情形，人民法院应当认定该合同有效。前款规定的实际出资人与名义股东因投资权益的归属发生争议，实际出资人以其实际履行了出资义务为由向名义股东主张权利的，人民法院应予支持。名义股东以公司股东名册记载、公司登记机关登记为由否认实际出资人权利的，人民法院不予支持。答案选C。

12. 【参考答案】A

【本题考点】独立董事任职条件

【答案解析】根据《证券公司治理准则》第三十九条规定，下列人员不得担任独立董事：（1）在证券公司或其关联方任职的人员及其直系亲属、主要社会关系；（2）在持有或控制证券公司 5% 以上股权的股东单位或在证券公司前五名股东单位任职的人员及其直系亲属和主要社会关系；（3）持有或控制证券公司 5% 以上股权的自然人股东及其直系亲属和主要社会关系；（4）为证券公司及其关联方提供财务、法律、咨询等服务的人员及其直系亲属和主要社会关系；（5）最近一年内曾经具有前四项所列举情形的人员；（6）在其他公司担任董事的；（7）公司章程规定的其他人员；（8）中国证监会认定的其他人员。故选 A。

13.【参考答案】B

【本题考点】有限责任公司的股权转让问题

【答案解析】人民法院依照强制执行程序转让股东的股权时，应当通知公司及全体股东，其他股东在同等条件下有优先购买权。其他股东自人民法院通知之日起满 20 日不行使优先购买权的，视为放弃优先购买权。答案选 B。

14.【参考答案】D

【本题考点】股票发行

【答案解析】根据相关法律法规，向不特定对象发行股票或向特定对象发行股票后累计超过 200 人的，为公开发行，应依法报经证监会核准；因股东非公开转让股票导致股东累计超过 200 人，如果股份公司在 3 个月内将股东人数降至 200 人以内的，可以不提出申请核准。选项 A 中，转让成功后股东人数正好 200 人，无须经核准，选项 A 错误；选项 B 中，在 2 个月后股东人数减为 199 人，无需申请核准，选项 B 错误；在全国中小企业股份转让系统挂牌公开转让股票的非上市公众公司向特定对象发行股票后股东累计不超过 200 人豁免核准，由全国中小企业股份转让系统自律管理，故选项 C 错误；股票向特定对象发行导致股东累计超过 200 人的，需经过中国证监会的核准成为非上市公众公司，故选项 D 正确。答案选 D。

15.【参考答案】D

【本题考点】上市公司收购

【答案解析】通过证券交易所的证券交易，投资者持有或者通过协议、其他安排与他人共同持有一个上市公司已发行的股份达到 5% 时，应当在该事实发生之日起 3 日内，向中国证监会、证券交易所提交书面报告，通知该上市公司，并予公告。在上述期限内，不得再行买卖该上市公司的股票。投资者持有或者通过协议、其他安排与他人共同持有一个上市公司已发行的股份达到 5% 之后，其所持上市公司已发行的股份比例每"增加或者减少"5%，应当依照前述规定进行报告和公告。在报告期限内和做出报告、公告后2日内，不得再行买卖该上市公司的股票。因此，本题中的披露时点为7%和10%。答案选D。

16.【参考答案】A

【本题考点】上市公司信息披露

【答案解析】《证券法》第六十九条规定，发行人、上市公司公告的招股说明书、公司债券募集办法、财务会计报告、上市报告文件、年度报告、中期报告、临时报告以及其他信息披露资料，有虚假记载、误导性陈述或者重大遗漏，致使投资者在证券交易中遭受损失的，发行人、上市公司应当承担赔偿责任；发行人、上市公司的董事、监事、高级管理人员和其他直接责任人员以及保荐人、承销的证券公司，应当与发行人、上市公司承担连带赔偿责任，但是能够证明自己没有过错的除外；发行人、上市公司的控股股东、实际控制人有过错的，应当与发行人、上市公司承担连带赔偿责任。由此可见发行人、上市公司承担的是无过错责任。答案选A。

17.【参考答案】C

【本题考点】商业银行破产清算

【答案解析】《商业银行法》第71条规定："商业银行不能支付到期债务，经国务院银行业监督管理机构同意，由人民法院依法宣告其破产。商业银行被宣告破产的，由人民法院组织国务院银行业监督管理机构等有关部门和有关人员成立清算组，进行清算。商业银行破产清算时，在支付清算费用、所欠职工工资和劳动保险费用后，应当优先支付个人储蓄存款的本金和利息。"答案选C。

18.【参考答案】A

【本题考点】委托收款背书和质押背书

【答案解析】以汇票设定质押时，除了出质人（背书人）签章之外，必须在汇票上记载质押（或者设质、担保）字样作为绝对必要记载事项。如果出质人在汇票上只记载了质押字样未在票据上签章的，或者出质人未在汇票、粘单上记载质押字样而另行签订质押合同、质押条款的，不构成票据质押，形式上构成转让背书。经质押背书，被背书人即取得票据质权（而非票据权利），票据质权人有权以相当于票据权利人的地位行使票据权利，包括行使付款请求权、追索权。质押背书的被背书人并不享有对票据权利的处分权。因此，票据质权人再行转让背书或者质押背书的，背书行为无效。但是，被背书人可以再进行委托收款背书。答案选A。

19.【参考答案】C

【本题考点】国有出资的企业出资人制度

【答案解析】国家出资企业、国有独资公司合并、分立、改制、上市，增加或者减少注册资本，发行债券，进行重大投资，为他人提供大额担保，转让重大财产，进行大额捐赠，分配利润，以及解散、申请破产等重大事项，其中，合并、分立，增加或者减少注册资本，发行债券，分配利润，以及解散、申请破产，由履行出资人职责的机构决定；其余事项，国有独资企业由企业负责人集体讨论决定，国有独资公司由董事会决定。

20.【参考答案】A

【本题考点】反垄断法律制度相关市场界定

【答案解析】相关市场是指经营者在一定时期内就特定商品或者服务进行竞争的商品范围和地域范围。在反垄断执法实践中，通常需要界定相关商品市场和相关地域市场。在"唐山人人诉百度滥用市场支配地位案"中，法院将相关市场界定为"中国搜索引擎服务市场"，其中商品维度就是"搜索引擎服务"，地域维度是"中国"。答案选A。

21.【参考答案】B

【本题考点】反垄断法律制度相关市场界定

【答案解析】从供给角度界定相关商品市场，一般考虑的因素包括：经营者的生产流程和工艺，转产的难易程度，转产需要的时间，转产的额外费用和风险，转产后所提供商品的市场竞争力，营销渠道等，故选B。从需求角度界定相关商品市场，一般考虑以下几个方面的因素：（1）需求者因商品价格或者其他竞争因素变化，转向或者考虑转向购买其他商品的证据；（2）商品的外形、特性、质量和技术特点等总体特征和用途。商品可能在特征上表现出某些差异，但需求者仍可以基于商品相同或者相似的用途将其视为紧密替代品；（3）商品之间的价格差异。通常情况下，替代性较强的商品价格比较接近，而且在价格变化时表现出同向变化趋势。反之，如果两种商品的价格相差悬殊，即使彼此的功能和用途相同或者非常接近，也很难发生竞争关系，也就不可认定为属于同一相关商品市场；（4）商品的销售渠道。销售渠道不同的商品面对的需求者可能不同，相互之间难以构成竞争关系，属于同一相关商品市场的可能性较小；（5）其他重要因素。如需求者偏好或者需求者对商品的依赖程度;可能阻碍大量需求者转向某些紧密替代商品的障碍、风险和成本;是否存在区别定价等。答案选B。

22.【参考答案】B

【本题考点】我国对外贸易法律制度

【答案解析】《对外贸易法》规定,中华人民共和国的单独关税区适用该法。我国香港特别行政区、澳门特别行政区和台湾地区已经分别以"中国香港"、"中国澳门"和"台湾、澎湖、金门、马祖单独关税区"(简称"中国台北")加入世贸组织,成为我国的单独关税区。答案选B。

23.【参考答案】C

【本题考点】外国投资者并购境内企业安全审查制度

【答案解析】我国建立外国投资者并购境内企业安全审查部际联席会议(以下简称"联席会议")制度,具体承担并购安全审查工作,因此不是由商务部做出最终决定,选项A错误;并购安全审查的内容包括:(1)并购交易对国防安全,包括对国防需要的国内产品生产能力、国内服务提供能力和有关设备设施的影响;(2)并购交易对国家经济稳定运行的影响;(3)并购交易对社会基本生活秩序的影响;(4)并购交易对涉及国家安全关键技术研发能力的影响;故对国内产业"竞争力"的影响不属于并购安全审查的内容,选项B不正确;外国投资者并购境内企业,应由投资者向商务部提出申请。对属于安全审查范围内的并购交易,商务部应在5个工作日内提请联席会议进行审查,不能绕过商务部直接向联席会议提出审查申请,故选项D错误。

24.【参考答案】B

【本题考点】经常项目

【答案解析】对属于经常项目的各项外汇借贷,可以自由兑换,不予限制,故选项A错误;《外汇管理条例》第十二条规定,经常项目外汇收支应当具有真实、合法的交易基础。经营结汇、售汇业务的金融机构应当按照国务院外汇管理部门的规定,对交易单证的真实性及其与外汇收支的一致性进行合理审查,故选项B正确;目前,对于个人结汇和境内个人购汇实行年度总额管理,年度总额为每人每年等值5万美元,国家外汇管理局根据国际收支状况对年度总额进行调整;个人经常项目项下外汇收支分为经营性外汇收支和非经营性外汇收支,对于个人开展对外贸易产生的"经营性"外汇收支,视同机构按照货物贸易的有关原则进行管理。对于个人的非经营性外汇收支，无需提供贸易单证，选项C错误；经常项目外汇收入实行意愿结汇制，而非强制结汇制，故选项D错误。

二、多项选择题

1. 【参考答案】A、B、C、D

【本题考点】法律关系的形成、变更与消灭

【答案解析】法律事实是法律规范所规定的，能够引起一定法律关系产生、变更、消灭的客观情况或现象，可依是否以人们意志为转移分为两类，包括法律事件和法律行为。法律事件是法律规范规定的，不以人们的意志为转移而引起法律关系产生、变更、消灭的客观情况或现象，法律事件又分成社会事件和自然事件两种。法律行为可以分为善意行为、合法行为与恶意行为、违法行为，选项A、B、D属于法律事件，选项C属于法律行为。

2. 【参考答案】A、B、C

【本题考点】预告登记的适用范围

【答案解析】《物权法》第六十七条规定，具有下列情形之一的，当事人可以申请预告登记：（1）预购商品房；（2）以预购商品房设定抵押；（3）房屋所有权转让、抵押；（4）法律、法规规定的其他情形。选项A、B、C正确。

3. 【参考答案】A、B、C、D

【本题考点】合同中免责条款无效情形

【答案解析】《合同法》第五十三条规定，合同中的下列免责条款无效：（1）造成对方人身伤害的；（2）因故意或者重大过失造成对方财产损失的。故答案选A、B、C、D。

4. 【参考答案】A、B、C

【本题考点】合伙企业财产的构成

【答案解析】合伙企业财产的包括：（1）合伙人的出资，合伙企业的原始财产是全体合伙人"认缴"的财产，而非各合伙人"实际缴纳"的财产；（2）以合伙企业名义取得的收益；（3）依法取得的其他财产。答案选A、B、C。

5.【参考答案】B、C、D

【本题考点】有限合伙企业法律制度

【答案解析】根据相关法律法规，有限合伙人不得执行合伙企业事务，不得对外代表合伙企业，不参加合伙企业投资决策、退出决策等经营管理事项，但参与选择会计师事务所、依法担保、提出管理建议行为等不视为执行企业事务。答案选B、C、D。

6.【参考答案】A、B、D

【本题考点】公司法律制度

【答案解析】《公司法》第九十二条规定，发起人、认股人缴纳股款或者交付抵作股款的出资后，除未按期募足股份、发起人未按期召开创立大会或者创立大会决议不设立公司的情形外，不得抽回其股本。答案选A、B、D。

7.【参考答案】A、C、D

【本题考点】《证券法》

【答案解析】根据相关法律法规，上市公司通过定向增发、配股等方式再融资均须经中国证监会的核准，故选项A、D正确；对于股东人数未超过200人的公司申请其股票公开转让，中国证监会豁免核准，由全国中小企业股份转让系统进行审查，故选项B错误；通过向特定对象发行股票累计超过200人而成为非上市公众公司的，必须经过中国证监会的核准，故选项C正确。答案选A、C、D。

8.【参考答案】B、C、D

【本题考点】管理人的报酬

【答案解析】担保权人优先受偿的担保物价值原则上不计入管理人报酬的标的额，故选项A错误；清算组中有关政府部门派出的工作人员参与工作的，不收取报酬，故选项B正确；律师事务所、会计师事务所通过聘用本专业的其他社会中介机构或者人员协助履行管理人职责的，所需费用从其报酬中支付；破产清算事务所通过聘用其他社会中介机构或者人员协助履行管理人职责的，所需费用从其报酬中支付，故选项C正确；管理人对担保物的维护、变现、交付等管理工作付出合理劳动的，有权向担保权人收取适当的报酬，故选项D正确。

9.【参考答案】A、C、D

【本题考点】票据质押背书

【答案解析】经质押背书，被背书人即取得票据质权，票据质权人有权以相当于票据权利人的地位行使票据权利，包括行使付款请求权、追索权；质押背书的被背书人并不享有对票据权利的"处分权"。因此，票据质权人进行转让背书或者质押背书的，背书行为无效。但是，被背书人可以再进行委托收款背书，故答案选A、C、D。

10.【参考答案】A、B、C、D

【本题考点】境外企业重大事项管理

【答案解析】根据相关法律法规，境外企业发生以下重大影响的突发事件，应当立即报告中央企业；影响特别重大的，应当通过中央企业在24小时内向国资委报告：（1）银行账户或者境外款项被冻结；（2）开户银行或者存款所在的金融机构破产；（3）重大资产损失；（4）发生战争、重大自然灾害，重大群体性事件，以及危及人身或者财产安全的重大突发事件；（5）受到所在国（地区）监管部门处罚产生重大不良影响；（6）其他有重大影响的事件。选项A、B、C、D均正确。

11.【参考答案】A、B、D

【本题考点】《反垄断法》豁免的垄断协议类型

【答案解析】可被《反垄断法》豁免的垄断协议类型：（1）为改进技术、研究开发新产品的（选项A正确）；（2）为提高产品质量、降低成本、增进效率，统一产品规格、标准或者实行专业化分工的；（3）为提高中小经营者经营效率，增强中小经营者竞争力的（（选项D正确）；（4）为实现节约能源、保护环境、救灾救助等社会公共利益的（选项B正确）；（5）因经济不景气，为缓解销售量严重下降或者生产明显过剩的；（6）为保障对外贸易和对外经济合作中的正当利益的（（选项C错误）；（7）法律和国务院规定的其他情形。答案选A、B、D。

12.【参考答案】A、C

【本题考点】《反垄断法》中行业协会组织从事垄断协议行为的规定

【答案解析】根据《工商行政管理机关禁止垄断协议行为的规定》，法律禁止的行业协会组织本行业经营者从事垄断协议的行为具体包括：（1）制定、发布含有排除、限制竞争内容的行业协会章程、规则、决定、通知、标准等；（2）召集、组织或者推动本行业的经营者达成含有排除、限制竞争内容的协议、决议、纪要、备忘录等，故选A；该行业协会不属于"行政机关和法律、法规授权的具有管理公共事务职能的组织"，谈不上"行政垄断"的问题，故不选D；根据本题所述内容，7家企业实施了"达成垄断协议"的行为，尽管7家企业的市场份额合计达85%，但不涉及"滥用市场支配地位"的行为，故不选B，选C。

13.【参考答案】A、B、D

【本题考点】外商投资合同的法律适用

【答案解析】在中国领域内履行的下列合同，专属适用中国法律，不得由当事人意思自治选择合同准据法或者适用其他法律选择规则：（1）中外合资经营企业合同；（2）中外合作经营企业合同；（3）中外合作勘探、开发自然资源合同；（4）中外合资经营企业、中外合作经营企业、外商独资企业股份转让合同；（5）外国自然人、法人或者其他组织承包经营在中国领域内设立的中外合资经营企业、中外合作经营企业的合同；（6）外国自然人、法人或者其他组织购买中国领域内的非外商投资企业股东的股权的合同；（7）外国自然人、法人或者其他组织认购中国领域内的非外商投资有限责任公司或者股份有限公司增资的合同；（8）外国自然人、法人或者其他组织购买中国领域内的非外商投资企业资产的合同。

14.【参考答案】A、B

【本题考点】资本项目外汇支出

【答案解析】根据合格境外机构投资者（QFII）相关制度，中国证监会负责QFII资格的审定、投资工具的确定、持股比例限制等；国家外汇管理局负责QFII投资额度的审定、资金汇出入和汇兑管理等，故选项C错误；对外商境内直接投资的外汇实行登记管理制度。无论是直接投资的汇入还是汇出，外国投资者应先在外汇局办理登记，故选项D错误。

三、案例分析题

1.【本题考点】完全的认缴资本制并不改变股东的出资义务、破产债务人财产的收回等

【参考答案及解析】

（1）BC两公司的主张不成立。

理由：《企业破产法》规定，人民法院受理破产申请后，债务人的出资人尚未完全履行出资义务的，管理人应当要求该出资人缴纳所认缴的出资，而不受出资期限的限制。因此，BC两公司的主张不成立。

（2）C公司的主张不成立。

理由：根据相关法律法规规定，管理人代表债务人提起诉讼，主张出资人向债务人依法缴付未履行的出资或者返还抽逃的出资本息，出资人以违反出资义务已经超过诉讼时效为由抗辩的，人民法院不予支持。管理人依据《公司法》的相关规定代表债务人提起诉讼，主张公司的发起人和负有监督股东履行出资义务的董事、高级管理人员，或者协助抽逃出资的其他股东、董事、高级管理人员、实际控制人等，对股东违反出资义务或者抽逃出资承担相应责任，并将财产归入债务人财产的，人民法院应予支持。因此，C公司的主张不成立。

（3）对于A公司董事、监事和高级管理人员在公司发生破产原因后领取绩效奖金及在普遍拖欠职工工资的情况下领取工资的行为，人民法院应当认定为非正常收入，管理人可以要求返还。

债务人出现破产原因，债务人的董事、监事和高级管理人员利用职权获取的以下收入，人民法院应当认定为非正常收入：

1）绩效奖金；

2）普遍拖欠职工工资情况下获取的工资性收入；

3）其他非正常收入。

债务人的董事、监事和高级管理人员拒不向管理人返还上述债务人财产，管理人主张上述人员予以返还的，人民法院应予支持。债务人的董事、监事和高级管理人员因返还"绩效奖金"形成的债权，可以作为"普通破产债权"清偿；因返还"普遍拖欠职工工资情况下获取的工资性收入"形成的债权，按照该企业职工平均工资计算的部分作为"拖欠职工工资"清偿；高出该企业职工平均工资计算的部分，可以作为"普通破产债权"清偿。

（4）D公司可以向管理人主张出卖人取回权。

理由：根据相关法律法规规定，出卖人依据《企业破产法》第三十九条的规定，通过通知承运人或者实际占有人中止运输、返还货物、变更到达地，或者将货物交给其他收货人等方式，对在运途中标的物主张了取回权但未能实现，或者在货物未达管理人前已向管理人主张取回在运途中标的物，在买卖标的物到达管理人后，出卖人向管理人主张取回的，管理人应予准许。

本题中资料显示：获悉人民法院受理A公司破产案件后，D公司立即向A公司主张取回在运途中的设备，并通知承运人中止运输、返回货物。但因承运人原因，未能取回设备。2013年10月17日，管理人收到设备。

因此，D公司可以向管理人主张出卖人取回权。

2.【本题考点】恶意或重大过失取得票据的效力问题、票据转让等
【参考答案及解析】

（1）王某不能取得票据权利。

理由：根据相关法律法规规定，因欺诈、偷盗、胁迫、恶意或者重大过失而取得票据的，不得享有票据权利。在本题中，乙公司财务人员王某利用工作之便，盗走存放于公司保险柜中的该汇票，可见王某系偷盗取得该票据，不享有票据权利。

（2）丁公司不能取得票据权利。

理由：根据相关法律法规规定，票据的签发、取得和转让，应当遵循诚实信用原则，具有真实的交易关系和债权债务关系。

本题中资料显示：王某盗取汇票后，未在汇票上进行任何记载即直接交付给丁公司，换取现金。

可见，丁公司与王某之间的票据买卖并没有涉及真实的交易，因此，丁公司不能取得票据权利。

（3）戊公司能够取得票据权利。

理由：虽然由题（3）可知，王某与丁公司之间的汇票转让因未涉及真实交易而无效，丁公司未取得票据权利。但资料显示：丁公司将该空白背书汇票交付给戊公司，用以支付所欠货款，丁公司和戊公司当时对王某盗取汇票一事均不知情，戊公司对于该汇票系丁公司以现金自王某处换取一事也不知情。戊公司在汇票被背书人栏内补记了自己的名称。

戊公司在票据被背书人栏内记载自己的名称与背书人记载具有同等的法律效力，并且戊公司支付了相应对价，与丁公司的汇票交易属善意且无重大过失，因此戊公司拥有该票据权利。

（4）A银行的付款行为正当。

理由：资料显示：乙公司发现汇票被盗，遂于当日向公安机关报案，并向人民法院申请公示催告，人民法院于2013年5月21日发出公告，公告期间，无人申报票据权利，但因律师工作失误，乙公司未向人民法院申请做出除权判决，法院遂于2013年8月25日裁定终结公示催告程序。

可见，因乙公司未申请人民法院做出除权判决，因而法院裁定终结公示催告程序后，该票据状态恢复正常，持票人的权利恢复正常。因此，A银行的付款行为是

正当的。

3.【本题考点】承租人优先购买权、抵押财产出租时抵押权与租赁权的关系、承租人对租赁物使用不善的赔偿责任等

【参考答案及解析】

（1）C公司的主张不成立。

理由：根据相关法律法规规定，出租人出卖租赁房屋未在合理期限内通知承租人或者存在其他侵害承租人优先购买权的情形，承租人请求出租人承担赔偿责任的，人民法院应予支持；但请求确认出租人与第三人签订的房屋买卖合同无效的，人民法院不予支持。

题中，虽然A公司在其与C公司的租赁合同期间内将租赁物卖给E公司，并且没有在合理期限内通知C公司，但A公司与E公司之间的房屋买卖合同依然是有效的，因此，C公司关于A公司和E公司之间的房屋买卖合同无效的主张不成立。

（2）C公司不能拒绝E公司腾退房屋的要求。

理由：根据相关法律法规规定，抵押权设立后抵押财产出租的，该租赁关系不得对抗已登记的抵押权，抵押权实现后，租赁合同对受让人不具有约束力。因此，作为承租人，C公司不能拒绝E公司（受让人）腾退房屋的要求。

（3）C公司有权解除与D公司的租赁合同。

理由：根据相关法律法规规定，承租人未按照约定的方法或者租赁物的性质使用租赁物，致使租赁物受到损失的，出租人可以解除合同并要求赔偿损失。

题中资料显示：2010年1月1日，D公司因违反约定使用房屋引发火灾，造成房屋损失100万元。

因此，C公司有权解除与D公司的转租合同并收回房屋。

（4）C公司有义务就房屋毁损向A公司赔偿100万元。

理由：根据相关法律法规规定，承租人经出租人同意，可以将租赁物转租给第三人，承租人与出租人的租赁合同继续有效，第三人对租赁物造成损失的，承租人应当赔偿损失。

题中资料显示：2010年1月1日，D公司因违反约定使用房屋引发火灾，造成房屋损失100万元。

可见，对于第三人D公司造成的100万元的损失，承租人C公司有义务就房屋毁损向出租人A公司赔偿100万元。

(5) B 银行关于其对 A 公司获得的 100 万元赔偿款享有优先受偿权的主张成立。

理由:根据相关法律法规规定,在抵押物灭失、毁损或者被征用的情况下,抵押权人可以就该抵押物的保险金、赔偿金或者补偿金优先受偿。

因此,抵押权人 B 银行可以对债务人 A 公司获得的关于抵押物的 100 万元的赔偿有限受偿。

(6)

1) A 公司有权主张欠缴的 2009 年全年的房屋租金。

理由:A 公司于 2009 年底与 E 公司签订买卖合同,以 2000 万元的市场价格将房屋售与 E 公司,并与 E 公司于 2010 年 1 月 6 日依约办理了房屋过户手续。

可见,在 2009 年期间,E 公司尚未取得该房屋的所有权,在此期间 A 公司才是租赁合同的当事人,因此,A 公司有权主张欠缴的 2009 年全年的房屋租金。

2) 应向 C 公司主张该租金。

理由:根据合同相对性原理,合同只对缔约当事人具有法律约束力,对合同关系以外的第三人不产生法律约束力。与 A 公司订立房屋租赁合同的是 C 公司,D 公司并不是 A 公司的承租人。因此,A 公司只能向 C 公司主张租金。

4.【本题考点】公司债券发行额度、优先股发行、一致行动人、内幕交易等
【参考答案及解析】

(1)

1) 四维公司关于大华公司的净资产不符合发行公司债券条件的判断正确。

理由:根据相关法律法规规定,发行后累计公司债券余额不得超过公司最近一期期末净资产额的 40%。

本题中资料显示,截至 2013 年年底,大华公司净资产额为 10 亿元,而大华公司董事会决定,拟公开发行公司债券筹资 5 亿元,超过了净资产的 40%(10×40%=4 亿元);因此,四维公司关于大华公司的净资产不符合发行公司债券条件的判断正确。

2) 四维公司关于大华公司的利润情况不符合发行公司债券条件的判断正确。

根据相关法律法规规定,发行公司债券,最近 3 年实现的年均可分配利润应足以支付公司债券 1 年的利息。

本题中资料显示,最近 3 年可分配利润分别为 3000 万元、2000 万元和 1000 万元,因此年均可分配利润为 2000 万元。而公司拟公开发行公司债券筹资 5 亿

元,期限为5年,年利率为6%。

可见公司债券1年应支付的利息为5亿元×6%=3000（万元）,超过了公司最近3年的年均可分配利润2000万元。

因此,四维公司关于大华公司的利润情况不符合发行公司债券条件的判断正确。

（2）

1）拟发行优先股的数量不符合规定。

理由：根据相关法律法规规定,公司拟发行的优先股不得超过公司普通股股份总数的50%。

本题中资料显示：大华公司普通股总数为5亿股,拟发行优先股3亿股,超过了普通股股份总数的50%。因此,大华公司拟发行优先股的数量不符合规定。

2）采用浮动股息率的做法不符合规定。

理由：根据相关法律法规规定,公开发行优先股的公司,必须在公司章程中规定采取固定股息率。

本题中资料显示：大华公司的优先股发行方案规定,第一年股息率为6%,此后每两年根据市场利率调整一次。

因此,大华公司根据市场利率调整股息率的做法不符合规定；

3）大华公司的"优先股按照约定的股息率分配股息后,还可以同普通股股东一起参加剩余利润分配"的规定不恰当。

理由：根据相关法律法规规定,公开发行优先股的公司,优先股股东按照约定的股息率分配股息后,不再同普通股股东一起参加剩余利润分配。

本题中资料显示,大华公司的优先股发行方案规定：优先股股东按照约定股息率分配股息后,还可以与普通股股东一起参加剩余利润分配。

因此,大华公司的"优先股按照约定的股息率分配股息后,还可以同普通股股东一起参加剩余利润分配"的规定不恰当。

（3）有关媒体关于丙与乙构成一致行动人的说法符合规定。

理由：根据相关法律法规规定,投资者之间存在合伙、合作、联营等其他经济利益关系,如果没有相反证据,投资者为一致行动人。

本题中资料显示：某媒体经调查后披露,丙与乙共同设有一普通合伙企业,且丙丁公司没有提供相反证据。可见,丙与乙构成一致行动人。

因此,有关媒体关于丙与乙构成一致行动人的说法符合规定。

（4）有关媒体关于丙在收购丁所持大华公司7%的股权时必须采取要约收购方式的说法符合规定。

理由：根据相关法律法规规定，对于协议收购超过30%股权的行为，如果收购人不申请豁免或者申请但不符合豁免条件，则其必须向目标公司除协议转让股份的股东之外的所有剩余股东发出收购其手中全部股份的要约。

根据题（3）可知，丙与乙属于一致行动人，因此丙乙所持股份应该合并计算，股份合计超过了30%。因此，丙在收购丁所持大华公司7%的股权时必须采取要约收购方式。

（5）甲增持大华公司2%股份无须采取要约收购方式。

理由：根据相关法律法规规定，在一个上市公司中拥有权益的股份达到或者超过该公司已发行股份的30%的，自上述事实发生之日起1年后，每12个月内增持不超过该公司已发行的2%的股份的，相关投资者可以免于按照有关规定提出豁免申请，直接向证券交易所和证券登记结算机构申请办理股份转让和过户登记手续。

本题中资料显示，甲公司在2006年持有大华公司31%股份后并未增持大华公司的股份，在2014年5月8日，甲公司宣布将在未来12个月内增持大华公司不超过2%的股份。这期间已经经过了数年。因此，甲增持大华公司2%股份无需采取要约收购方式。

（6）A和B买卖大华公司股票的行为均构成内幕交易。

理由：根据相关法律法规规定，只要监管机构提供的证据能够证明内幕信息知情人员的配偶、父母、子女以及其他有密切关系的人，其证券交易活动与该内幕信息基本吻合，就可以确认内幕交易行为成立。当事人如果想否认内幕交易行为的存在，就必须负有举证责任：对其在内幕信息敏感期内从事的相关证券买卖行为做出合理说明或者提供证据排除其存在利用内幕信息从事相关证券交易活动的可能。

本题中资料显示：2014年4月28日，股民A和B均在亏本卖出其证券账户中的全部股票后，分别买入大华公司股票10万股和15万股。

股东丁和丙公司董事长C均知晓该内幕信息，A是股东丁的妻子，B是董事长C的好友，并且二者均未能对此次的股票交易提供合理解释，因此A和B买卖大华公司股票的行为均构成内幕交易。

2013年度注册会计师全国统一考试·经济法考试真题

一、单项选择题

1. 小明今年3岁,智力正常,但先天腿部残疾。下列关于小明的权利能力和行为能力的表述中,正确的是(   )。

A. 小明有权利能力,但属于限制行为能力人

B. 小明无权利能力,且属于限制行为能力人

C. 小明有权利能力,但无行为能力

D. 小明既无权利能力,也无行为能力

2. 甲欲低价购买乙收藏的一幅古画,乙不允。甲声称:若乙不售画,就公布其不雅视频,乙被迫与甲订立买卖合同。根据合同法律制度的规定,该合同的效力为(   )。

A. 无效

B. 效力待定

C. 有效

D. 可变更、可撤销

3. 甲为乙公司业务员,负责某小区的订奶业务多年,每月月底在小区摆摊,更新订奶户并收取下月订奶款。2013年5月29日,甲从乙公司辞职。5月30日,甲仍照常前往小区摆摊收取订奶款,订奶户不知内情,照例交款,甲亦如常开出盖有乙公司公章的订奶款收据,之后甲下落不明。根据民事法律制度的规定,下列表述中,正确的是(   )。

A. 甲的行为构成无权处分,应由乙公司向订奶户承担损害赔偿责任后,再向甲追偿

B. 甲的行为构成狭义无权代理,应由甲向订奶户承担损害赔偿责任

C. 甲的行为与乙公司无关,应由甲向订奶户承担合同履行义务

D. 甲的行为构成表见代理,应由乙公司向订奶户承担合同履行义务

4. 甲、乙订立买卖合同，约定甲于 2011 年 3 月 1 日向乙供货，乙在收到货物后 1 个月内一次性付清全部价款。甲依约供货后，乙未付款，若甲一直未向乙主张权利，则甲对乙的付款请求权诉讼时效期间届满日为（　　）。

　　A. 2012 年 4 月 1 日　　　　　　　B. 2013 年 3 月 1 日

　　C. 2012 年 3 月 1 日　　　　　　　D. 2013 年 4 月 1 日

5. 根据物权法律制度的规定，以有偿出让方式取得居住用地的建设用地使用权，出让的最高年限是（　　）。

　　A. 50 年　　　　　　　　　　　　B. 60 年

　　C. 30 年　　　　　　　　　　　　D. 70 年

6. 甲向乙借款，为担保债务履行，将一辆汽车出质给乙。乙不慎将汽车损坏。根据物权及合同法律制度的规定，下列表述中，正确的是（　　）。

　　A. 甲有权拒绝归还借款并要求乙赔偿损失

　　B. 甲有权要求解除质押合同

　　C. 甲有权要求乙立即赔偿损失，或者在借款到期时在损失赔偿范围内相应抵销其对乙所负的债务

　　D. 甲有权要求延期还款

7. 甲、乙订立承揽合同，甲提供木料，乙为其加工家具。在乙已完成加工工作的 50% 时，甲通知乙解除合同。根据合同法律制度的规定，下列表述中，正确的是（　　）。

　　A. 甲有权解除合同，但应按约定金额向乙支付报酬

　　B. 甲有权解除合同，且无须赔偿乙的损失

　　C. 甲有权解除合同，但应赔偿乙的损失

　　D. 甲无权解除合同，并应依约向乙支付报酬

8. 甲公司与乙公司签订建设工程施工合同，由乙公司承建甲公司的办公楼，但乙公司并无相应的建筑施工企业资质。工程竣工后，经验收合格。根据合同法律制度的规定，下列表述中，正确的是（　　）。

　　A. 合同无效，但乙公司有权请求甲公司参照合同约定的工程价款数额付款

　　B. 合同无效，乙公司有权请求甲公司按照合同约定的数额支付工程价款

　　C. 合同无效，乙公司无权请求甲公司付款

　　D. 合同有效，但甲公司有权撤销合同并拒付工程价款

9.（本题涉及的考点教材已经删除）下列关于个人独资企业解散清算时，企业债务清偿顺序的表述中，符合个人独资企业法律制度规定的是（　　）。

A. 税款、职工工资和社会保险费用、银行借款

B. 职工工资和社会保险费用、税款、银行借款

C. 职工工资和社会保险费用、银行借款、税款

D. 税款、银行借款、职工工资和社会保险费用

10. 注册会计师甲、乙、丙共同出资设立一特殊的普通合伙制会计师事务所。因甲、乙在某次审计业务中故意出具不实审计报告，人民法院判决会计师事务所赔偿当事人50万元。根据合伙企业法律制度的规定，下列关于该赔偿责任承担的表述中，正确的是（　　）。

A. 以该会计师事务所的全部财产为限承担责任

B. 甲、乙、丙均承担无限连带责任

C. 甲、乙、丙均以其在会计师事务所中的财产份额为限承担责任

D. 甲、乙承担无限连带责任，丙以其在会计师事务所中的财产份额为限承担责任

11. 甲、乙、丙、丁设立一个有限合伙企业，其中甲、乙为普通合伙人，丙、丁为有限合伙人。1年后，甲转为有限合伙人，同时丙转为普通合伙人。合伙企业设立之初，企业欠银行50万元，该债务直至合伙企业被宣告破产仍未偿还。下列关于该50万元债务清偿责任的表述中，符合合伙企业法律制度规定的是（　　）。

A. 乙、丙承担无限连带责任，甲、丁以其出资额为限承担责任

B. 甲、乙、丙承担无限连带责任，丁以其出资额为限承担责任

C. 甲、乙承担无限连带责任，丙、丁以其出资额为限承担责任

D. 乙承担无限责任，甲、丙、丁以其出资额为限承担责任

12. 根据公司法律制度的规定，对于股份有限公司溢价发行股票所得溢价款，应采用的会计处理方式是（　　）。

A. 列入法定公积金　　　　　　　B. 列入资本公积金

C. 列入任意公积金　　　　　　　D. 列入盈余公积金

13. 下列关于上市公司公司债券投资者权益保护制度的表述中，符合证券法律制度规定的是（　　）。

A. 债券受托管理人不得由发行人聘请

B. 公司不能按期支付债券本息时，应召开债券持有人会议

C. 发行公司债券应委托资产评估机构对债券做出信用评级

D. 发行公司债券应当提供担保

14. 2013年6月1日，人民法院受理了对甲公司提起的破产申请。根据企业破产法律制度的规定，下列人员中，有资格担任管理人的是（　　）。

    A. 曾于2008年1月1日至2009年12月31日担任甲公司法律顾问的丙律师事务所

    B. 甲公司董事丁

    C. 3年前被吊销执业证书，但现已重获执业资格的注册会计师乙

    D. 甲公司监事会主席的妻子戊

15. 根据企业破产法律制度的规定，人民法院受理破产申请前6个月内，涉及债务人财产的下列行为中，管理人有权请求人民法院予以撤销的是（　　）。

    A. 支付职工劳动报酬

    B. 支付人身损害赔偿金

    C. 向他人无偿转让企业财产

    D. 在设定债务的同时，为该债务提供财产担保

16. 根据国内信用证法律制度的规定，开证行收到受益人开户行寄交的委托收款凭证、单据等材料，并与信用证条款核对无误后，若发现开证申请人交存的保证金和存款账户余额不足以支付信用证金额的，开证行应采取的正确做法是（　　）。

    A. 在规定付款时间内全额付款

    B. 在规定付款时间内，在保证金以及申请人存款账户余额范围内付款

    C. 拒绝付款并将有关材料退还受益人开户行

    D. 在征得开证申请人同意后全额付款

17. 甲曾担任某国有独资公司董事，后因违反规定造成国有资产重大损失被免职。根据企业国有资产法律制度的规定，甲自被免职之日起一定期限内，不得再担任国有独资公司董事。该期限是（　　）。

    A. 2年   B. 3年

    C. 5年   D. 10年

18. 根据企业国有资产法律制度的规定，下列各项中，履行金融企业国有资产监督管理职责的是（　　）。

A. 中国银行业监督管理委员会

B. 国务院国有资产监督管理委员会

C. 中国人民银行

D. 财政部

19. 根据反垄断法律制度的规定，我国经营者集中反垄断审查程序的最长审查时限为（　　）。

A. 60 日　　　　　　　　　　B. 90 日

C. 180 日　　　　　　　　　 D. 210 日

20. 依据反垄断法律制度的规定，对于价格垄断协议行为，负责反垄断执法工作的机构是（　　）。

A. 国家发改委　　　　　　　B. 国家工商总局

D. 商务部　　　　　　　　　D. 国家质检总局

21. 根据外汇管理法律制度的规定，外国人在我国境内连续居住满一定期限后，即成为"境内个人"，其发生在境内外的外汇收支或者外汇经营活动，均适用《外汇管理条例》。该连续居住的期限是（　　）。

A. 6 个月　　　　　　　　　B. 1 年

C. 2 年　　　　　　　　　　D. 3 年

22. 根据外商直接投资法律制度的规定，下列选项中，属于禁止类外商投资项目的是（　　）。

A. 不利于节约资源和改善生态环境的项目

B. 占用大量耕地，不利于保护、开发土地资源的项目

C. 技术水平落后的项目

D. 从事国家规定实行保护性开采的特定矿种勘探、开采的项目

23. 下列关于对外贸易经营者及其管理的表述中，符合对外贸易法律制度规定的是（　　）。

A. 对外贸易经营实行特许制，经营者需经审批并获得外贸经营资格

B. 国家可以允许部分数量的国营贸易管理货物的进出口业务由非授权企业经营

C. 对外贸易经营者包括法人和其他组织，但不包括个人

D. 从事货物进出口或者技术进出口的对外贸易经营者，应当向国家工商总局或其委托的机构办理备案登记

24. 根据对外贸易法律制度的规定，我国对限制进出口的技术实行的是（　　）。

A. 许可证管理

B. 关税配额及许可证管理

C. 配额管理

D. 非关税配额及许可证管理

二、多项选择题

1. 根据民事法律制度的规定，下列情形中，能导致诉讼时效中断的有（　　）。

A. 债权人向人民法院申请对债务人的财产实施诉前财产保全

B. 债务人否认对债权人负有债务

C. 债权人向人民法院申请债务人破产，但被人民法院驳回

D. 债权人向人民调解委员会请求调解

2. 根据物权法律制度的规定，下列各项中，能够成为所有权客体的有（　　）。

A. 月球表面　　　　　　　　B. 药品

C. 土地　　　　　　　　　　D. 存有计算机程序的光盘

3. 根据合同法律制度的规定，下列情形中，买受人应当承担标的物灭失风险的有（　　）。

A. 买卖双方未约定交付地点，出卖人将标的物交由承运人运输，货物在运输途中意外灭失

B. 约定在出卖人营业地交货，买受人未按约定时间前往提货，后货物在地震中灭失

C. 出卖人依约为买受人代办托运，货交第一承运人后意外灭失

D. 买受人下落不明，出卖人将标的物提存后意外灭失

4. 某有限责任公司关于股东资格解除与认定的下列做法中，符合公司法律制度规定的有（　　）。

A. 股东乙病故后，其妻作为合法继承人要求继承股东资格，公司依章程中关于股东资格不得继承的规定予以拒绝

B. 股东丙抽逃部分出资，股东会通过决议解除其股东资格

C. 股东甲未依照章程规定缴纳出资，董事会通过决议解除其股东资格

D. 实际出资人丁请求公司解除名义股东戊的股东资格，并将自己登记为股东，因未获公司其他股东半数以上同意，公司予以拒绝

5. 根据证券法律制度的规定，下列关于可转换公司债券的表述中，正确的有（　　）。

A. 上市公司发行可转换公司债券不同于公开发行股票，无须报中国证监会核准

B. 在转股期限内，可转换公司债券持有人有权决定是否将债券转换为股票

C. 上市公司可以公开发行认股权和债权分离交易的可转换公司债券

D. 非上市股份有限公司不得发行可转换公司债券

6. 根据企业破产法律制度的规定，下列债务中，债权人应在人民法院确定的期限内进行债权申报的有（　　）。

A. 债务人所欠银行未到清偿期的借款　　B. 债务人所欠职工工资

C. 债务人所欠税款　　　　　　　　　　D. 债务人所欠职工医疗费

7. 根据票据法律制度的规定，票据质押背书的被背书人所为的下列背书行为中，无效的有（　　）。

A. 再质押背书　　　　　　　　　　　　B. 委托收款背书

C. 有偿转让背书　　　　　　　　　　　D. 无偿转让背书

8. 根据企业国有资产法律制度的规定，国有股东转让所持上市公司股份时，可以采取的方式有（　　）。

A. 协议转让　　　　　　　　　　　　　B. 无偿划拨

C. 通过证券交易所转让　　　　　　　　D. 增资扩股

9. 根据企业国有资产法律制度的规定，国有独资公司的下列事项中，应当由履行出资人职责的机构决定的有（　　）。

A. 申请公司破产　　　　　　　　　　　B. 分配公司利润

C. 发行公司债券　　　　　　　　　　　D. 增加注册资本

10. 经营者与其交易相对人达成的下列协议中，被我国反垄断法律制度明确禁止的有（   ）。

A. 限定向第三人转售商品的最低价格

B. 限定向第三人转售商品的最高价格

C. 固定向第三人转售商品的价格

D. 限定向第三人转售商品的地域范围

11. 我国反垄断法律制度禁止具有市场支配地位的经营者，无正当理由以低于成本的价格销售商品。下列各项中，属于法定正当理由的有（   ）。

A. 处理鲜活商品

B. 清偿债务

C. 为推广新产品进行促销

D. 处理积压商品

12. 下列关于外商投资企业组织形式的表述中，符合外商直接投资法律制度规定的有（   ）。

A. 合作企业的组织形式可以是有限责任公司

B. 合作企业可以采取不具有法人资格的组织形式

C. 合营企业的组织形式可以是股份有限公司

D. 外资企业不得采取有限责任公司以外的其他组织形式

13. （本题涉及的考点教材已经删除）根据外商直接投资法律制度的规定，下列关于外商直接投资企业出资方式的表述中，正确的有（   ）。

A. 中方投资者的出资方式包括现金、实物、场地使用权、工业产权、专利技术和其他财产权利

B. 外方投资者以现金出资时，可以外币缴付出资，也可以其合法获得的境外人民币缴付出资

C. 中外投资者对其用作投资的实物必须拥有所有权，该实物上是否设有担保物权在所不论

D. 中外投资者以实物出资需要作价时，其作价由中外投资各方按照公平合理的原则协商确定，或者聘请中外投资各方同意的第三方评定

14.（本题涉及的考点教材已经删除）根据外汇管理法律制度的规定，可以结汇的外债有（　　）。

A. 外商投资企业的外债

B. 国际金融组织贷款

C. 外国政府贷款

D. 中资企业直接对外商业性借款

三、案例分析题

【案例1】

自2012年初以来，A公司出现不能清偿到期债务，且资产不足以清偿全部债务的情况，2012年12月17日，人民法院经审查裁定受理了A公司的破产申请，并指定了管理人。在该破产案件中，存在下述情况：

（1）2011年10月8日，B公司向C银行借款1000万元，期限1年。A公司以所属机器设备为B公司该笔借款提供了抵押担保，并办理了抵押登记，B公司到期未偿还C银行的借款。C银行将上述抵押物拍卖得款900万元，将不足清偿的150万元借款本息向管理人申报了债权。

（2）2012年7月，A公司向D公司租用机床一台，租期1年，租金已一次性付清。2012年11月，A公司以50万元的市场价格将机床售与E公司，双方已交货、付款。E公司对A公司无处分权的事实并不知情。D公司获悉机床已被A公司卖给E公司后，要求E公司返还机床，遭E公司拒绝。

（3）2009年1月，A公司与F公司签订房屋租赁合同，将所属500平米门面房出租给F公司用作超市经营，租期5年，每年1月底前支付当年租金，F公司一直正常缴纳租金。2013年2月，管理人通知F公司解除该房屋租赁合同，但F公司表示反对。

（4）2011年10月，A公司欠刘某专利转让费29万元到期未付。2012年12月20日，刘某将该债权以15万元的价格转让给G公司。G公司现提出，以该债权与其所欠A公司的30万元货款在相同金额范围内抵销。

（5）2012年8月17日，供电局向A公司发出欠缴电费催收通知书，要求A公司一周内补缴拖欠电费20万元，否则将对其生产区停止供电，A公司于8月22

日向供电局补缴了全部拖欠电费。2013年2月，管理人主张撤销A公司向供电局补缴电费的行为。

要求：

根据上述内容，分别回答下列问题：

（1）C银行以抵押物拍卖款不足清偿的150万元借款本息向管理人申报债权的行为，是否符合企业破产法律制度的规定？并说明理由。

（2）E公司是否有权拒绝D公司返还机床的请求？并说明理由。如果E公司拒绝了D公司返还机床的请求，D公司因财产损失形成的债权，能否向管理人申报普通破产债权？并说明理由。

（3）管理人是否有权解除A公司与F公司之间的房屋租赁合同？并说明理由。

（4）G公司关于债务抵销的主张是否成立？并说明理由。

（5）管理人是否有权撤销A公司向供电局补缴电费的行为？并说明理由。

【案例2】

A公司以30万元的价格向B公司订购一台机床,根据合同约定,A公司以银行承兑汇票支付价款。2010年3月1日,A公司签发一张以B公司为收款人、金额为30万元的银行承兑汇票(承兑银行已经签章),到期日为2010年9月1日。A公司将该汇票交给采购经理甲,拟由其携至B公司交票提货。

甲获取汇票后,利用其私自留存的空白汇票和私刻的A公司和承兑银行的公章及其各自授权代理人的人名章,按照A公司所签发汇票的内容进行复制,3月20日,甲将其复制的汇票交付B公司,提走机床并占为己有。4月10日,甲将汇票原件交回A公司,声称B公司因机床断货要求解除合同。

3月23日,B公司为向C公司购买原料,将甲交付的汇票背书转让给C公司。

6月1日,C公司因急需现金,将该汇票背书转让给D公司,D公司则向C公司支付现金29万元。

7月1日,D公司为支付厂房租金,将该汇票背书转让给E公司。E公司对C公司与D公司之间票据转让的具体情况并不知晓。

9月5日,E公司向汇票承兑银行提示付款时,被告知,该汇票系伪造票据,原票据已于4月15日由出票人A公司交还该行并予以作废,该行对此伪造票据不承担票据责任,银行将该汇票退还E公司,并出具了退票理由书。

要求:

根据上述内容,分别回答下列问题:

(1)E公司是否有权向A公司追索?并说明理由。

(2)D公司是否取得了票据权利?并说明理由。

(3)E公司是否取得了票据权利?并说明理由。

(4)E公司是否有权向甲追索?并说明理由。

(5)E公司是否有权向B公司追索?并说明理由。

【案例3】

2011年9月8日,甲公司与乙公司订立合同,以每台30万元的价购买20台货车。双方约定,甲公司应在乙公司交货后半年内付清全部货款,并以甲公司通过划拨方式取得的某国有建设用地使用权提供抵押担保。甲乙双方办理了抵押登记。10月12日,乙公司交付了20台货车,次日,甲乙双方办理了货车所有权登记。

2011年11月,甲公司在已设定抵押的土地上开始建造办公楼,2012年6月建成。2012年8月,甲公司以该办公楼作抵押,从丙银行贷款300万元,期限为6个月。甲丙双方办理了抵押登记。

2012年1月26日,甲公司将20台货车出租给丁公司,每台月租金1万元,租期3年,但甲丁双方未签订书面租赁合同。由于资金周转困难,甲公司于2012年10月10日以每台20万元的价格将20台货车卖给戊公司。

戊公司受让货车后,通知丁公司向自己缴纳租金,丁公司主张:戊公司并非出租人,无权向其收取租金;甲公司侵害了其优先购买权,应承担相应责任。戊公司催收租金无果,遂通知丁公司解除租赁合同,要求其立刻交回货车。

甲公司未按期向乙公司支付购车款,乙公司遂提起诉讼,并主张实现抵押权。在强制执行过程中,甲公司已设定抵押的建设用地使用权连同地上的办公楼共拍卖得款1200万元,其中办公楼的对应价款为350万元。土地管理部门提出,应从拍卖款中优先补缴650万元的土地出让金。丙银行则主张对拍卖款中办公楼的对应价款享有优先受偿权。

要求：

根据上述内容，分别回答下列问题：

（1）甲公司何时从乙公司处取得货车所有权？并说明理由。

（2）甲公司与丁公司的货车租赁合同是否因未采用书面形式而无效？并说明理由。

（3）戊公司是否有权要求丁公司支付租金？并说明理由。

（4）戊公司是否有权要求丁公司立刻交回货车？并说明理由。

（5）丁公司是否对货车享有优先购买权？并说明理由。

（6）土地管理部门是否有权要求从拍卖价款中优先补缴650万元土地出让金？并说明理由。

（7）乙公司在实现抵押权时享有优先受偿权的金额是多少？并说明理由。

【案例4】

赵某担任甲上市公司总经理，并持有该公司股票10万股，钱某为甲公司董事长兼法定代表人。

2011年7月1日，钱某召集甲公司的董事会，9名董事中有4人出席，另有1名董事孙某因故未能出席，书面委托钱某代为出席投票。经钱某提议，出席董事会的全体董事通过决议，从即日起免除赵某总经理的职务。12月20日，赵某卖出所持的2万股甲公司股票。

2011年12月23日，赵某向中国证监会书面举报称：（1）甲公司的子公司乙公司曾向甲公司全体董事提供低息借款，用于个人购房；（2）2011年4月1日，甲公司召开的董事会通过决议为母公司丙公司向银行借款提供担保，但甲公司并未公开披露该担保事项。

2012年1月16日，中国证监会宣布对甲公司涉嫌虚假陈述的行为立案调查。3月1日，中国证监会宣布：经调查，甲公司存在虚假陈述行为，决定对甲公司给予警告，并处罚款50万元；认定钱某为直接责任人员，并处罚款10万元；认定董事李某等人为其他直接责任人，并处罚款10万元。钱某辩称，甲公司未披露担保事项是公司实际控制人的要求，自己只是遵照指令行事，不应受处罚；李某则辩称，自己是独立董事，并不参与甲公司的经营管理活动，因此不应对甲公司的虚假陈述行为承担任何责任。中国证监会未采纳钱某和李某的抗辩理由。

要求：

根据上述内容，分别回答下列问题：

（1）2011年7月1日甲公司董事会的出席人数是否符合规定？并说明理由。

（2）甲公司董事会能否在无正当理由的情况下解除赵某的总经理职务？并说明理由。

（3）2011年12月20日赵某卖出所持甲公司2万股股票的行为是否合法？并说明理由。

（4）乙公司向甲公司的所有董事提供低息借款购房的行为是否合法？并说明理由。

（5）2011年4月1日甲公司董事会通过的为丙公司提供担保的决议是否合法？并说明理由。

（6）钱某和李某各自对中国证监会行政处罚的抗辩能否成立？并分别说明理由。

2013年度注册会计师全国统一考试·经济法考试真题参考答案深度全面解析与应试重点

一、单项选择题

1.【参考答案】C

【本题考点】法律关系主体的权利能力和行为能力

【答案解析】自然人从出生时起至死亡时止,具有民事权利能力,自然人的权利能力一律平等,小明肯定享有民事权利能力,选项B、D错误;不满10周岁的未成年人或者"不能"辨认自己行为的精神病人属于无民事行为能力人,选项A错误,选项C正确。答案选C。

2.【参考答案】D

【本题考点】无效的民事行为

【答案解析】因胁迫而订立的合同,不损害国家利益的,属于可变更、可撤销合同;损害国家利益的,属于无效合同。答案选D。

3.【参考答案】D

【本题考点】表见代理

【答案解析】行为人没有代理权、超越代理权或者代理权终止后以被代理人名义订立合同,相对人有理由相信行为人有代理权的,该代理行为有效。相对人有理由相信无权代理人具有代理权的情形包括但不限于:(1)合同签订人持有被代理人的介绍信或盖有印章的空白合同书,使得相对人相信其有代理权;(2)无权代理人此前曾被授予代理权,且代理期限尚未结束,但实施代理行为时代理权已经终止。

4.【参考答案】D

【本题考点】买卖合同诉讼时效

【答案解析】国内一般的买卖合同纠纷,适用普通诉讼时效,时效期间为2年,约定债务履行期限的诉讼时效,自履行期限届满之日开始计算。答案选D。

5.【参考答案】D

【本题考点】建设用地使用权的期限

【答案解析】以有偿出让方式取得的建设用地使用权，出让最高年限按下列用途确定：（1）居住用地70年；（2）工业用地50年；（3）教育、科技、文化、卫生、体育用地50年；（4）商业、旅游、娱乐用地40年；（5）综合或者其他用地50年。答案选D。

6.【参考答案】C

【本题考点】质权

【答案解析】根据《中华人民共和国物权法》第二百一十五条的规定，质权人负有妥善保管质押财产的义务；因保管不善致使质押财产毁损、灭失的，应当承担赔偿责任。质权人的行为可能使质押财产毁损、灭失的，出质人可以要求质权人将质押财产提存，或者要求提前清偿债务并返还质押财产。答案选C。

7.【参考答案】C

【本题考点】承揽合同

【答案解析】在承揽合同中，定作人可以随时解除承揽合同，但定作人因此造成承揽人损失的，应当赔偿损失。可见，甲有权解除合同，但应赔偿乙的损失。答案选C。

8.【参考答案】A

【本题考点】施工合同无效情形

【答案解析】承包人未取得建筑施工企业资质或者超越资质等级的建设工程施工合同无效；合同无效，但建设工程经竣工验收合格的，承包人可以请求"参照"合同约定支付工程价款。因此，本题中，合同无效，但乙公司有权请求甲公司参照合同约定的工程价款数额付款。

9.【参考答案】B

【本题考点】个人独资企业解散时财产的清偿顺序规定

【答案解析】个人独资企业解散的，财产应当按照下列顺序清偿：（1）所欠职工工资和社会保险费用；（2）所欠税款；（3）其他债务。

10.【参考答案】D

【本题考点】特殊的普通合伙企业的责任承担形式

【答案解析】对一个合伙人或者数个合伙人在执业活动中的故意或者重大过失行为应与其他合伙人相区别对待，对于负有重大责任的合伙人应当承担无限责任或者无限连带责任，其他合伙人只能以其在合伙企业中的财产份额为限承担责任。因此，甲、乙承担无限连带责任，丙以其在会计师事务所中的财产份额为限承担责任。答案选 D。

11.【参考答案】B

【本题考点】合伙人的性质转变

【答案解析】普通合伙人转变为有限合伙人的，对其作为普通合伙人期间合伙企业发生的债务承担无限连带责任；有限合伙人转变为普通合伙人的，对其作为有限合伙人期间有限合伙企业发生的债务承担无限连带责任。因此，甲、乙、丙承担无限连带责任，丁以其出资额为限承担责任。答案选 B。

12.【参考答案】B

【本题考点】资本公积金

【答案解析】资本公积金是直接由资本原因形成的公积金，股份有限公司以超过股票票面金额的发行价格发行股份所得的溢价款以及国务院财政部门规定列入资本公积金的其他收入，应当列为公司资本公积金。答案选 B。

13.【参考答案】B

【本题考点】债券持有人权益保护

【答案解析】发行人应当为债券持有人聘请债券受托管理人，并订立债券受托管理协议；在债券存续期间，由债券受托管理人按照规定或者依照协议的约定维护债券持有人的利益；债券受托管理人由本次发行的承销机构或者其他经中国证监会认可的机构担任；债券受托管理人应当为中国证券业协会会员。为本次发行提供担保的机构不得担任本次债券发行的受托管理人，故选项 A 错误；公开发行公司债券应当委托具有从事证券服务业务资格的资信评级机构进行信用评级，而非公开发行公司债券是否进行信用评级由发行人确定，故选项 C 错误；公司债券的发行人可采取内外部增信机制、偿债保障措施，提高偿债能力，控制公司债券风险，无强制担保要求，选项 D 错误。

14.【参考答案】A

【本题考点】破产清算管理人

【答案解析】现在担任或者在人民法院受理破产申请前 3 年内曾经担任债务人、债权人的财务顾问、法律顾问，可能影响其忠实履行管理人职责，不得担任管人,本题中,丙律师事务所担任甲公司法律顾问已经是3年前的事情,故选项A正确;现在担任或者在人民法院受理破产申请前3年内曾经担任债务人、债权人的董事、监事、高级管理人员,可能影响其忠实履行管理人职责,不得担任管理人,选项B错误;曾被吊销相关专业执业证书的,不得担任管理人,视为有人民法院认为不宜担任管理人的其他情形,选项C错误;与债权人或者债务人的控股股东、董事、监事、高级管理人员存在夫妻、直系血亲、三代以内旁系血亲或者近姻亲关系,可能影响其忠实履行管理人职责,不得担任管理人,因此,甲公司监事会主席的妻子戊不能担任管理人,选项D错误。

15.【参考答案】C

【本题考点】债务人财产

【答案解析】人民法院受理破产申请前一年内,涉及债务人财产的下列行为,管理人有权请求人民法院予以撤销:(1)无偿转让财产的;(2)以明显不合理的价格进行交易的;(3)对没有财产担保的债务提供财产担保的;(4)对未到期的债务提前清偿的;(5)放弃债权的。债务人对债权人进行的以下个别清偿,管理人请求撤销的,人民法院不予支持:(1)债务人为维系基本生产需要而支付水费、电费等的;(2)债务人支付劳动报酬、人身损害赔偿金的;(3)使债务人财产受益的其他个别清偿;债务人在可撤销期间内设定债务的"同时"提供的财产担保,该情形属于对价行为,并未造成债务人财产的不当减少,不能撤销。

因此,选项C正确。

16.【参考答案】A

【本题考点】信用证结算

【答案解析】在信用证结算中,申请人交存的保证金和其存款账户余额不足支付的,开证行仍应在规定的付款时间内进行付款,对不足支付的部分作逾期贷款处理。答案选A。

17.【参考答案】C

【本题考点】国家出资企业的董事、监事、高级管理人员的法律责任

【答案解析】国有独资企业、国有独资公司、国有资本控股公司的董事、监事、高级管理人员违反法律规定,造成国有资产重大损失,被免职的,自免职之日起5年内不得担任上述三类公司的董事、监事、高级管理人员。造成国有资产特别重大损失,或者因贪污、贿赂、侵占财产、挪用财产或者破坏社会主义市场经济秩序被

判处刑罚的，终身不得担任上述三类公司董事、监事、高级管理人员。

18.【参考答案】D

【本题考点】金融企业国有资产监督管理部门

【答案解析】"金融企业"国有资产的监督管理部门是财政部。

19.【参考答案】C

【本题考点】经营者集中反垄断审查程序的最长审查时限

【答案解析】按《反垄断法》规定，商务部经营者集中审查工作分两阶段进行：一是为期30天的初步审查阶段；二是为期90天的进一步审查，必要时可延长60天。答案选C。

20.【参考答案】A

【本题考点】负责反垄断执法工作的机构

【答案解析】三家执法机构的职责具体划分为：国家工商总局负责垄断协议、滥用市场支配地位、滥用行政权力排除、限制竞争方面的反垄断执法工作，价格垄断行为除外；国家发改委负责依法查处价格垄断行为；商务部负责经营者集中行为的反垄断审查工作。答案选A。

21.【参考答案】B

【本题考点】《外汇管理条例》

【答案解析】我国《外汇管理条例》规定，境内个人，是指中国公民和在中国境内连续居住满1年的外国人，外国驻华外交人员和国际组织驻华代表除外。答案选B。

22.【参考答案】B

【本题考点】禁止类外商投资项目和限制类外商投资项目

【答案解析】限制类外商投资项目，根据国家产业政策和宏观经济调控的需要，分别列入限制类（甲）或者限制类：(1)属于国内已开发或者已引进技术，生产能力已能满足国内市场需求的；(2)属于国家吸收外商投资试点或者实行专卖的产业的；(3)属于从事稀有、贵重矿产资源勘探、开采的；(4)属于需要国家统筹规划的产业的；(5)属于国家法律、行政法规规定限制的其他项目。

禁止类外商投资项目：(1)属于危害国家安全或者损害社会公共利益的；(2)属于对环境造成污染损害，破坏自然资源或者损害人体健康的；(3)属于占用大量耕地，不利于保护、开发土地资源，或者危害军事设施安全和使用效能的；(4)属于运用我国特有工艺或者技术生产产品的；（5）属于国家法律、行政法规规定禁止的其他项目。

不利于节约资源和改善生态环境的项目、技术水平落后的项目、从事国家规定实行保护性开采的特定矿种勘探、开采的项目均属于"限制类"外商投资项目，选项A、C、D错误；占用大量耕地，不利于保护、开发土地资源的项目属于"禁止类"外商投资项目，选项B正确。

23.【参考答案】B

【本题考点】对外贸易法律制度

【答案解析】对外贸易经营无需专门许可，只要依法办理了工商登记或者其他执业手续的单位和个人均可从事外贸经营，选项A错误；国家可以对部分货物的进出口实行国营贸易管理，实行国营贸易管理货物的进出口业务只能由经授权的企业经营，但国家允许部分数量的国营贸易管理货物的进出口业务由非授权企业经营的除外，选项B正确；对外贸易经营者既可以是法人，也可以是非法人组织，还可以是个人，给予个人对外贸易经营权是2004年《对外贸易法》修订的一大进步，选项C错误；从事货物进出口或者技术进出口的对外贸易经营者，应当向商务部或者其委托的机构办理备案登记；但是，法律、行政法规和商务部规定不需要备案登记的除外，选项D错误。答案选B。

24.【参考答案】A

【本题考点】对限制进出口的技术实行的管理

【答案解析】国家对限制进口或者出口的货物，实行"配额、许可证"等方式管理；《中华人民共和国技术进出口管理条例》第三十三条规定，属于限制出口的技术，实行许可证管理；未经许可，不得出口。答案选A。

二、多项选择题

1.【参考答案】A、C、D

【本题考点】诉讼时效中断情形

【答案解析】下列事项之一，人民法院应当认定与提起诉讼具有同等诉讼时效中断的效力：（1）申请仲裁；（2）申请支付令；（3）申请破产、申报破产债权；（4）为主张权利而申请宣告义务人失踪或死亡；（5）申请诉前财产保全、诉前临时禁令等诉前措施；（6）申请强制执行；（7）申请追加当事人或者被通知参加诉讼；（8）在诉讼中主张抵销；（9）其他与提起诉讼具有同等诉讼时效中断效力的事项。

选项A、C、D正确。

2.【参考答案】B、C、D

【本题考点】所有权的取得

【答案解析】所有权是指在法律限制的范围内，对所有物进行全面支配的权利。月球表面因为不具有可支配性，不属于物，因此不能成为所有权的客体，选项A错误。答案选B、C、D。

3.【参考答案】A、B、C、D

【本题考点】标的物毁损灭失风险的承担

【答案解析】对于需要运输的标的物，当事人没有约定交付地点或者约定不明确，出卖人将标的物交付给第一承运人后，标的物毁损、灭失的风险由买受人承担，选项A正确；出卖人依约将标的物置于交付地点，买受人违反约定没有收取的，标的物毁损、灭失的风险自违反约定之日起由买受人承担，选项B正确；出卖人"根据合同约定"将标的物运送至买受人指定地点并交付给承运人后（出卖人依约代办托运），标的物毁损、灭失的风险由"买受人"负担，但当事人另有约定的除外，选项C正确；出卖人将标的物依法提存后，毁损、灭失的风险由"买受人"承担，选项D正确。选项A、B、C、D均正确。

4.【参考答案】A、D

【本题考点】有限责任公司股东资格解除与认定

【答案解析】在公司章程没有另外规定的情况下，自然人股东死亡后，其合法继承人可以直接继承股东资格。本题中，该公司章程中有股东资格不得继承的明确规定，因此其做法是合法的，选项A正确；股东抽逃"全部"出资，经公司催告，在合理期间内仍未返还出资，公司可以以股东会决议解除该股东的股东资格。题中股东丙只是抽逃"部分"出资，因而股东会通过决议解除其股东资格不合法，选项B错误；有限责任公司的股东未履行出资义务，经公司催告，在合理期间内仍未缴纳，公司可以以"股东会决议"解除该股东的股东资格，选项C错误；如果实际出资人未经公司其他股东半数以上同意，请求公司变更股东、签发出资证明书、记载于股东名册、记载于公司章程并办理公司登记机关登记的，人民法院不予支持，选项D正确。答案选A、D。

5.【参考答案】B、C、D

【本题考点】《证券法》

【答案解析】公开发行可转换公司债券的程序与公开增发股票的程序相同,均须报中国证监会核准,选项A错误;在转股期限内,可转换公司债券持有人有权决定是否将债券转换为股票,选项B正确;上市公司可以公开发行认股权和债权分离交易的可转换公司债券,选项C正确;非上市股份有限公司不得发行可转换公司债券,选项D正确。答案选B、C、D。

6.【参考答案】A、C

【本题考点】破产债权申报的要求

【答案解析】破产债权申报的要求:(1)职工债权不必申报;债务人所欠职工的工资和医疗、伤残补助、抚恤费用,所欠的应当划入职工个人账户的基本养老保险、基本医疗保险费用,以及法律、行政法规规定应当支付给职工的补偿金,不必申报,由管理人调查后列出清单并予以公示。职工对清单记载有异议的,可以要求管理人更正;管理人不予更正的,职工可以向人民法院提起诉讼;(2)税收债权、社会保障债权以及对债务人特定财产享有担保权的债权均需依法申报;(3)未到期的债权,在破产申请受理时视为到期;(4)附利息的债权自"破产申请受理时"起停止计息;(5)无利息的债权,无论是否到期均以本金申报债权;(6)附条件、附期限的债权和诉讼、仲裁未决的债权,债权人可以申报;(7)连带债权人可以由其中一人代表全体连带债权人申报债权,也可以共同申报债权;(8)连带债务人数人的破产案件均被受理的,其债权人有权就"全部债权"同时分别在各破产案件中申报债权。可见答案选A、C。

7.【参考答案】A、C、D

【本题考点】质押背书

【答案解析】质押背书的被背书人并不享有对票据权利的处分权。《〈票据法〉司法解释》第四十七条规定,票据质权人再行转让背书或者质押背书的,背书行为无效。但是,被背书人可以再进行委托收款背书。答案选A、C、D。

8.【参考答案】A、B、C、D

【本题考点】国有股东转让所持上市公司股份

【答案解析】上市公司的国有股东可以通过证券交易系统转让、以协议方式转让、无偿划转或间接转让的方式转让所持上市公司股份;国有股东所持上市公司股份的间接转让是指国有股东因产权转让或增资扩股等原因导致其经济性质或实际控制人发生变化的行为。选项A、B、C、D均正确。

9.【参考答案】A、B、C、D

【本题考点】重大事项管理的权力归属

【答案解析】根据相关法律法规规定，国有独资企业、国有独资公司合并、分立，增加或者减少注册资本，发行债券，分配利润，以及解散、申请破产，由履行出资人职责的机构决定。选项A、B、C、D均正确。

10.【参考答案】A、C

【本题考点】《反垄断法》禁止的滥用行政权力排除、限制竞争行为

【答案解析】我国《反垄断法》明确禁止的纵向垄断协议包括：（1）固定向第三人转售商品的价格；（2）限定向第三人转售商品的"最低价格"。"具有竞争关系的经营者"就"分割销售市场或者原材料采购市场"达成的垄断协议，属于我国《反垄断法》明确禁止的横向垄断协议，而"经营者与其交易相对人"达成的"限定向第三人转售商品的地域范围"的协议，不属于违法行为。选项A、C正确。

11.【参考答案】A、B、C、D

【本题考点】滥用市场支配地位

【答案解析】根据《反价格垄断规定》，因下列情形而进行的低于成本价格销售均为正当：（1）降价处理鲜活商品、季节性商品、有效期限即将到期的商品和积压商品的；（2）因清偿债务、转产、歇业降价销售商品的；（3）为推广新产品进行促销的；（4）能够证明行为具有正当性的其他理由。选项A、B、C、D均正确。

12.【参考答案】A、B、C

【本题考点】外商直接投资法律制度

【答案解析】具有法人资格的合作企业，其组织形式为有限责任公司，选项A正确；合作企业可以采取不具有法人资格的组织形式，选项B正确；中外合资股份有限公司实际上是合营企业的一种，是按照股份有限公司形式组织的合营企业，选项C正确；外资企业的组织形式一般为有限责任公司，但经批准也可以为其他责任形式，选项D错误。答案选A、B、C。

13.【参考答案】A、B、D

/ 171 /

该题考查的知识点教材已经删除。

14.【参考答案】A、B、C

该题考查的知识点教材已经删除。

三、案例分析题

【案例1】
【本题考点】为他人债务提供物权担保、他人财产被违法转让情形等
【参考答案及解析】

（1）C银行以抵押物拍卖款不足清偿的150万元借款本息向管理人申报债权的行为不符合破产法的规定。

理由：根据相关法律法规规定，如破产企业仅作为担保人为他人债务提供物权担保，担保债权人的债权虽然在破产程序中可以构成别除权，但因破产企业不是主债务人，在担保物价款不足以清偿担保债额时，余债不得作为破产债权向破产企业要求清偿，只能向原主债务人求偿。

在本题中，向C银行借款的是B公司，A公司只是以所属机器设备为B公司的该笔借款提供了抵押担保，并非主债务人，因此，对于抵押物拍卖款不足清偿的150万元借款本息，C银行只能向主债务人B公司追偿，而不能向A公司申报债权。

（2）

1）E公司有权拒绝D公司返还机床的请求。

理由：A公司以50万元的市场价格将机床售与E公司，双方已交货、付款。E公司对A公司无处分权的事实并不知情。可见，E公司是基于善意取得制度依法取得了该机床的所有权，因此E公司有权拒绝D公司返还机床的请求。

2）D公司可以向管理人申报普通破产债权。

理由：根据相关法律法规规定，债务人占有的他人财产被违法转让给第三人时，依据《物权法》第106条的规定第三人已善意取得财产所有权，原权利人无法取回该财产的，人民法院应当按照以下规定处理：转让行为发生在破产申请受理前的，原权利人因财产损失形成的债权，作为"普通破产债权"清偿；转让行为发生在破产申请受理后的，因管理人或者相关人员执行职务导致原权利人损害产生的债

务，作为"共益债务"清偿。

本题中，2012年12月17日，人民法院经审查裁定受理了A公司的破产申请，并指定了管理人。2012年11月，A公司以50万元的市场价格将机床售与E公司，双方已交货、付款。

可见，转让行为发生在破产申请受理前，因此D公司可以向管理人申报普通破产债权。

（3）管理人无权解除A公司与F公司之间的房屋租赁合同。

理由：根据相关法律法规规定，对于破产企业对外出租不动产的合同，除存在严重影响破产财产的变价与价值、且无法分别处分等特殊情况外，管理人不得违背合同约定任意解除合同；在变价破产财产时，房屋可以带租约出售，承租人在同等条件下享有优先购买权。

本题中，2009年1月，A公司与F公司签订房屋租赁合同，将所属500平米门面房出租给F公司用作超市经营，租期5年。2012年12月17日，人民法院经审查裁定受理了A公司的破产申请。此时，A公司与F公司签订的房屋租赁合同尚未到期，并且不存在严重影响破产财产的变价与价值、且无法分别处分等特殊情况，因此，管理人无权解除A公司与F公司之间的房屋租赁合同。

（4）G公司关于债务抵销的主张不成立。

理由：根据企业破产法律的规定，债务人的债务人在破产申请受理后取得他人对债务人的债权的，禁止抵销。

资料中显示：2011年10月，A公司欠刘某专利转让费29万元到期未付。2012年12月20日，刘某将该债权以15万元的价格转让给G公司。

因此，根据规定，G公司提出的以该债权与其所欠A公司的30万元货款在相同金额范围内抵销这一主张是不成立的。

（5）管理人无权撤销A公司向供电局补缴电费的行为。

理由：根据企业破产法律的规定，债务人为维系基本生产需要而支付水费、电费等，管理人请求撤销的，人民法院不予支持。

因此，管理人主张撤销A公司向供电局补缴电费的行为是不恰当的。

【案例2】

【本题考点】票据的伪造和变造、票据背书、善意取得制度等

【参考答案及解析】

（1）E公司无权向A公司追索。

理由：根据相关法律法规规定，在假冒他人名义的情形下，被伪造人不承担票据责任。

题中资料显示，甲获取汇票后，利用其私自留存的空白汇票和私刻的A公司和承兑银行的公章及其各自授权代理人的人名章，按照A公司所签发汇票的内容进行复制。因此，E公司无权向A公司（被伪造人）追索。

（2）D公司不能取得票据权利。

理由：根据相关法律法规规定，未以真实交易关系作为原因关系的背书行为无效，被背书人不能因此而取得票据权利。

题中资料显示，6月1日，C公司因急需现金，将该汇票背书转让给D公司，D公司则向C公司支付现金29万元。

可见，C公司和D公司之间的背书行为不存在真实的交易关系，因此该背书行为无效，D公司不能取得票据权利。

（3）E公司取得了票据权利。

理由：题中资料显示，7月1日，D公司为支付厂房租金，将该汇票背书转让给E公司。E公司对C公司与D公司之间票据转让的具体情况并不知晓。可见，虽然由于题（2）可知，D公司未取得票据权利，但因E公司的该背书行为是善意的，因此基于善意取得制度，E公司取得了该票据权利。

（4）E公司无权向甲追索。

理由：甲获利用其私自留存的空白汇票和私刻的A公司和承兑银行的公章及其各自授权代理人的人名章，按照A公司所签发汇票的内容进行复制，伪造了该汇票，但因其没有以自己的名义在票据上签章，因此不承担票据责任，E公司无权向甲追索。

（5）E公司有权向B公司追索。

理由：根据相关法律法规规定，票据上有伪造签章的，不影响票据上其他真实签章的效力。在票据上真正签章的当事人，仍应对被伪造的票据的债权人承担票据责任，票据债权人在提示承兑、提示付款或者行使追索权时，在票据上真正签章人不能以伪造为由进行抗辩。

本题中资料显示，甲获取汇票后，利用其私自留存的空白汇票和私刻的A公司和承兑银行的公章及其各自授权代理人的人名章，按照A公司所签发汇票的内容进行复制，3月20日，甲将其复制的汇票交付B公司，提走机床并占为己有。

可见，虽然该汇票系甲伪造，但甲与B公司之间的汇票背书是存在真实交易的，B公司属于该汇票真正签章的当事人，应对被伪造的票据的债权人承担票据责任，E公司有权向B公司追索。

【案例3】
【本题考点】动产的所有权、租赁合同的期限、租赁期间所有权变动不影响合同效力、建设用地使用权等
【参考答案及解析】
（1）甲公司于2011年10月12日取得货车的所有权。

理由：根据相关法律法规规定，对于船舶、航空器和机动车等动产，其所有权的移转仍以"交付"为要件，而不以"登记"为要件，但登记具有对抗效力，如果交付后没有办理过户登记，不得对抗善意第三人。因此，甲公司于2011年10月12日取得货车的所有权。

（2）甲公司与丁公司的货车租赁合同不因未采用书面形式而无效。

理由：根据相关法律法规规定，租赁期限6个月以上的，合同应当采用书面形式。当事人未采用书面形式的，视为不定期租赁，当事人对租赁期限没有约定或者约定不明确的，可以协议补充；不能达成补充协议的，按照合同有关条款或者交易习惯确定；仍不能确定的，视为不定期租赁。

本题中资料显示，甲公司与丁公司签订的租赁合同为期三年，但未采用书面形式，因此应将该合同视为不定期租赁，该租赁合同仍然有效。

（3）戊公司有权要求丁公司支付租金。

理由：合同法第二百二十九条规定："租赁物在租赁期间发生所有权变动的，不影响租赁合同的效力。"该规定说明租赁权具有对抗第三人的效力，不因第三人取得租赁物的所有权而导致租赁合同失效。

因此，原租赁合同对承租人丁公司和新出租人戊公司依然有效，戊公司有权要求丁公司支付租金。

（4）戊公司无权要求丁公司立刻交回货车。

理由：根据相关法律法规规定，对于不定期租赁，出租人或者承租人均可以随时解除合同，但出租人解除合同应当在合理期限之前通知承租人。

虽然由题（2）可知，该租赁合同属于不定期租赁，但出租人戊公司未在合理期限之前通知承租人丁公司，所以戊公司无权要求丁公司立刻交回货车。

（5）丁公司对货车不享有优先购买权。

理由：根据相关法律法规规定，只有在"房屋租赁"中承租人才享有优先购买权，对于其他标的物的租赁，并不适用优先购买权。该题中此标的物是火车，因此丁公司对货车不享有优先购买权。

（6）土地管理部门有权要求从拍卖价款中优先补缴650万元土地出让金。

理由：根据相关法律法规规定，拍卖"划拨"的国有土地使用权所得的价款，应当首先依法缴纳相当于应缴纳的土地使用权出让金的款额，抵押权人可以主张剩余价款的优先受偿权。

因此，作为抵押权人，土地管理部门有权要求从拍卖价款中优先补缴650万元土地出让金。

（7）乙公司在实现抵押权时享有优先受偿权的金额是200万元。

理由：根据相关法律法规规定，建设用地使用权抵押后，该土地上新增的建筑物不属于抵押财产。对该建设用地使用权实现抵押权时，应当将该土地上新增的建筑物与建设用地使用权一并处分，但新增建筑物所得的价款，抵押权人无权优先受偿。

乙公司在实现抵押权时享有优先受偿权的金额为甲公司已设定抵押的建设用地使用权连同地上的办公楼共拍卖得款在依法补缴土地出让金后，再扣掉办公楼的对应价款后的余额，即：1200-650-350=200（万元）。

【案例4】

【本题考点】董事会会议、董事会的职权、短线交易、对外担保、关联资金占用等

【参考答案及解析】

（1）甲公司董事会的出席人数符合规定。

理由：根据相关法律法规规定，董事会会议应有过半数的董事出席方可举行。

本题中资料显示，甲公司9名董事中有4人出席，并且董事孙某书面委托钱某代为出席投票，因此出席会议的董事共计5人，这已经超过了全体董事的半数，因此，甲公司董事会的出席人数符合规定。

（2）甲公司董事会可以在无正当理由的情况下解除赵某的总经理职务。

理由：董事会有权决定决定聘任或者解聘公司总经理及其报酬事项，我国并没有相关法律规定董事会解聘公司总经理必须要有一定原因。并且甲公司的公司章程对董事会决定聘任或者解聘公司总经理及其报酬事项也没有明确的规定。因此，甲

公司董事会可以在无正当理由的情况下解除赵某的总经理职务。

（3）2011年12月20日赵某卖出所持甲公司2万股股票的行为不合法。

理由：根据相关法律法规规定，董事、监事、高级管理人员离职后6个月内，不得转让其所持有的本公司股份。

本题中资料显示，赵某在2011年7月1日离职，在2011年12月20日卖出所持甲公司股票，时间未超过六个月，因此2011年12月20日赵某卖出所持甲公司2万股股票的行为不合法。

（4）乙公司向甲公司的所有董事提供低息借款购房的行为不合法。

理由：根据相关法律法规规定，股份有限公司不得直接或者通过子公司向董事、监事、高级管理人员提供借款。因此，乙公司向甲公司的所有董事提供低息借款购房的行为不合法。

（5）甲公司董事会通过的为丙公司提供担保的决议不合法。

理由：根据相关法律法规规定，公司为股东或者实际控制人提供担保的，必须经股东大会决议。因此，甲公司董事会通过的为丙公司提供担保的决议不合法。

（6）

1）钱某的抗辩不能成立。

理由：根据相关法律法规规定，如有证据证明因信息披露义务人受控股股东、实际控制人指使，未按照规定披露信息，或者所披露的信息有虚假记载、误导性陈述或者重大遗漏的，在认定信息披露义务人责任的同时，应当认定信息披露义务人控股股东、实际控制人的信息披露违法责任。

本题中资料显示：钱某辩称，甲公司未披露担保事项是公司实际控制人的要求，自己只是遵照指令行事。即便钱某能够拿出证据证明甲公司未披露担保事项是公司实际控制人的要求，自己只是遵照指令行事，但因为他是甲公司董事长兼法定代表人，不能免除他作为公司实际控制人的责任。

2）李某的抗辩不能成立。

理由：根据相关法律法规规定，不直接从事经营管理，不得单独作为不予处罚情形认定。因此，李某不能以自己是独立董事，并不参与甲公司的经营管理活动为理由，而不对甲公司的虚假陈述行为承担任何责任。

致谢

注册会计师考试是国内最权威、影响力最广泛、难度也是最大的全国统一考试之一。为了帮助大家更加方便和有效地应考，我们编写了这套真题解析。在过去的基础上，我们又增加了2017年考试真题及解析，更加突出针对性练习。

这套真题解析用于考前几个月的最后冲刺。CPA考试涉及的知识点很多，不仅需要牢记，更需要融会贯通，建立自己完整的知识构架，理清各知识点之间的内在关系，并自如地付诸实践运用，而不是一味背书式的机械记忆，同时特别考验运用的熟练度。在最后应考复习时尤其需要突出难点和重点，努力更有效地多抓分，不丢分，确保成功过线。

参加本套试题解析编写的有欧阳慧、张燕、白庆涛、佘洪发、李彩英、张齐月、李雁玲、袁代银、徐建昆、岳广春、佟明立、夏胜科、胡茂良、邹福胜、夏科文、吴火平、谷长红，另外崔爱廷、王礼应、刘奎东、蔡声鹤、胡从洲、董云雄、周小华、寇鲜红、杨昌军、夏世炎、邹金球等也为本套丛书编写等工作给予了大量支持，做出了自己的贡献。

在此一并致谢！

编者
2017年12月

前　言

党的二十大报告指出：贯彻新发展理念，着力推进高质量发展；加快建设现代化经济体系；着力提升产业链供应链韧性和安全水平；构建优质高效的服务业新体系，推动现代服务业同先进制造业、现代农业深度融合。产业供应链作为实体经济发展的重要支撑，采购与供应管理的战略意义也日益凸显，它不仅是企业运营的核心关注点，更跃升至国家战略层面，成为推动国家经济发展的重要一环。

基于此背景，为深入贯彻党的二十大精神，落实《国家职业教育改革实施方案》《职业教育产教融合赋能提升行动实施方案（2023—2025年）》等系列文件精神，本书编写组紧密围绕高等职业院校专业教学标准及"十四五"职业教育教材建设要求，精心策划并编写。我们秉持"必需、够用、实用"的原则，深度融合"工学结合"的教育理念，强调项目导向的教学模式，旨在通过实际工作项目引领知识构建，确保理论知识与企业实践紧密结合，既注重理论的科学性与前沿性，又突出实践技能的培养，力求本书内容既反映企业采购与供应管理的最佳实践，又避免冗余的理论堆砌，确保内容的针对性与高效性。

全书共分为八个项目，循序渐进地涵盖了采购与供应管理、制定采购与供应管理战略、编制采购计划、分析确定采购价格、选择与管理供应商、采购谈判、采购合同管理、做好采购控制工作内容，并在每个项目中设置实训项目，使理论学习直接服务于实践操作，形成知识与技能的无缝对接。本书由新疆生产建设兵团兴新职业技术学院物流电商系主导规划，由韩燕玲、王志光、赵艳俐担任主编，携手张敏、王园园、王寰焘、潘建红、刘平、宋莉等多位来自不同院校及业界的资深专家共同编撰，其中韩燕玲、王志光负责全书的统筹与总纂，赵艳俐、张敏、王寰焘负责全书的审稿，其他成员分别承担相应项目的撰写任务。同时，本书的编写团队还融入了具有丰富实战经验的企业界人士、形成了产学研相结合的"双元"编写特色。

在本书编写过程中，编者参考了一些案例，并引用了一些图片和视频。由于来源较广，未一一注明出处，在此向各位作者表示感谢。

因编者水平有限，书中不足之处在所难免，恳请使用此书的广大读者提出宝贵意见，以便进一步完善。编者邮箱：1090598391@qq.com。

编　者

目 录

项目一 采购与供应管理 ·· 1

　　任务一　认识采购活动 ·· 2
　　任务二　了解采购的方式 ··· 8
　　任务三　熟悉采购与供应管理环境 ··· 12

项目二 制定采购与供应管理战略 ·· 24

　　任务一　认识采购战略 ··· 25
　　任务二　PEST分析 ·· 26
　　任务三　SWOT分析 ·· 32
　　任务四　采购品项类别分析 ··· 38
　　任务五　制定采购供应战略 ··· 45

项目三 编制采购计划 ·· 56

　　任务一　认识采购计划 ··· 58
　　任务二　描述采购需求 ··· 62
　　任务三　确定采购数量 ··· 73
　　任务四　选择资源获取方式 ··· 86
　　任务五　实现按期交付 ··· 88

项目四 分析确定采购价格 ··· 95

　　任务一　获取与选择报价 ··· 97
　　任务二　分析采购价格的影响因素 ··· 105
　　任务三　确定采购价格 ··· 110

项目五 选择与管理供应商 …… 118

    任务一 确定供应商评估标准 …… 120

    任务二 供应商开发 …… 127

    任务三 供应商评价与选择 …… 132

    任务四 供应商激励与控制 …… 137

项目六 采购谈判 …… 145

    任务一 谈判前的准备 …… 146

    任务二 谈判过程及策略 …… 159

项目七 采购合同管理 …… 172

    任务一 认识采购合同 …… 173

    任务二 拟订采购合同 …… 176

    任务三 订立采购合同 …… 198

    任务四 采购合同履行与管理 …… 203

项目八 做好采购控制工作 …… 209

    任务一 控制采购风险 …… 211

    任务二 控制交期 …… 213

    任务三 采购进货管理 …… 216

    任务四 采购控制与监督 …… 218

    任务五 评估采购绩效 …… 223

参考文献 …… 232

二维码索引

序号	名称	二维码	页码	序号	名称	二维码	页码
1	采购的概念与分类		2	10	太古饮料的采购预测与计划体系		62
2	英国皇家采购与供应学会		3	11	采购需求描述		63
3	某集团从采购代理到供应链管理的发展演变		12	12	采购案例		96
4	问卷设计及其结构		17	13	网上招标在SG原料采购中的实践		99
5	中铁大桥局集团有限公司集中采购案例分析		18	14	招标文件标准与公平		112
6	波特的竞争分析		19	15	供应商成本		114
7	互联网行业产品的PEST分析		27	16	采购经理工作日记		122
8	竞争与竞合		43	17	供应商问卷调查表		129
9	B公司的战略采购管理		45	18	供应商的分类以及分级管理		141

续表

序号	名称	二维码	页码	序号	名称	二维码	页码
19	采购谈判程序及案例		160	23	克莱斯勒的采购理念		211
20	采购谈判策略和技巧		160	24	某企业的采购风险控制		212
21	认识采购合同		175	25	丰田的精益生产		213
22	采购合同的履行与管理		203	26	采购人员职业道德规范		218

项目一

采购与供应管理

采购管理既是一门技术，又是一门艺术。采购的本质是获取资源，实现生产供应保障。采购与供应管理已不仅是企业或部门的一种独立的功能和一般性的工作，而是一种与公司战略决策紧密相关的综合性管理活动，越来越普遍地受到企业的关注和重视。

学习目标

1. 建立对采购工作的认识；
2. 了解采购与供应的组织环境和市场环境；
3. 掌握采购的一般业务流程和进行供应市场分析的基本思路与方法；
4. 针对影响采购工作的基本环境因素进行分析，掌握基本的分析技能。

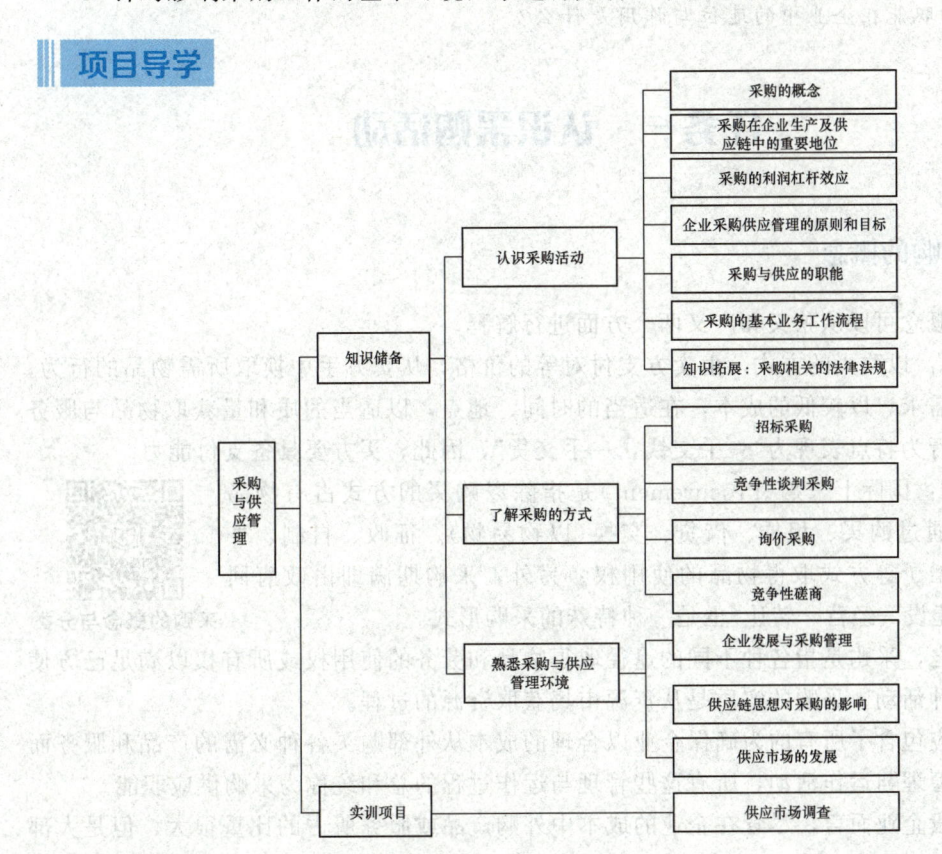

项目导学

```
采购与供应管理
├── 知识储备
│   ├── 认识采购活动
│   │   ├── 采购的概念
│   │   ├── 采购在企业生产及供应链中的重要地位
│   │   ├── 采购的利润杠杆效应
│   │   ├── 企业采购供应管理的原则和目标
│   │   ├── 采购与供应的职能
│   │   ├── 采购的基本业务工作流程
│   │   └── 知识拓展：采购相关的法律法规
│   ├── 了解采购的方式
│   │   ├── 招标采购
│   │   ├── 竞争性谈判采购
│   │   ├── 询价采购
│   │   └── 竞争性磋商
│   └── 熟悉采购与供应管理环境
│       ├── 企业发展与采购管理
│       ├── 供应链思想对采购的影响
│       └── 供应市场的发展
└── 实训项目
    └── 供应市场调查
```

> **案例导读**

某企业的年度经营会议中，针对本行业利润率不断下降的态势，企业决定通过努力使利润增加2.7个单位。企业分析了产品成本的构成：直接原料为53元、直接人工为12元、制造费用为11元、营销费用为16元，目前企业利润为8个单位。首先该企业的老总将目光投向了营销部经理，营销部经理面露难色，并分析说："利润要增加2.7个单位，意味着我得由现有的16元压缩至13.3元，下降的幅度为16.9%左右，这么大幅度的压缩，面对产品现在异常激烈的市场竞争，意味着本产品在市场上的宣传力度将降低，这势必影响企业销售目标。"老总又将目光投向了生产部经理，生产部经理也一肚子苦水："为了节约成本，员工已经很久没加工资了，现在物价不断上涨，工人的生活压力已经非常大了，在目前一天三班轮轴转的情况下，制造费用已无法压缩了，最现实的方式就是降低工人的劳动报酬，这将大大影响人员的稳定和劳动的积极性，最现实的方式会成为最不可行的方式！"最后，老总将目光投向了采购部经理。

面对激烈的市场竞争和瞬息万变的市场，消费者多样化、个性化的需求，采购工作不仅已成为实现企业战略的重要手段，而且也是企业的重要利润源。

思考：
(1)本次企业年度经营会议的核心问题是什么？
(2)如何解决本次企业年度经营会议的核心问题？
(3)采购职能在企业中的地位与作用是什么？

任务一 认识采购活动

一、采购的概念

采购的概念可以从狭义和广义两个方面进行解释。

(1)狭义：以购买的方式，由卖方支付对等的价格，从卖方手中换取所需物品的行为，即企业根据需求，以较低的成本，在适当的时间、地点，以适当的质和量获取物品与服务的过程。其行为特点表现为"一手交钱，一手交货"，因此，买方要具备支付能力。

(2)广义：国际上采购(Procurement)是指除以购买的方式占有物品外，还可以通过购买、租赁、借贷、交换(以物易物)、征收、自制、外包、转移及赠予等方式取得物品的使用权。另外，采购期满即由政府回收的BOT(建设—经营—转让)也是一种特殊的采购形式。

采购的概念与分类

概括言之，采购是指各种不同的途径取得物品和劳务的使用权或所有权以满足已方使用需求的一种活动。采购的实质是从资源市场获取资源的过程。

采购供应包含了所有的为确保企业以合理的成本从外部购买各种必需的产品和服务而进行的各种管理与运作活动，所有这些管理与运作过程的总和统称为采购供应职能。

对于一般企业而言，尽管在企业的成本中外购产品或服务所占的比重很大，但是大部分公司并非都认识到采购供应职能对于提高公司竞争力与获利能力具有关键性的作用。

二、采购在企业生产及供应链中的重要地位

企业的采购是非常重要的，主要原因如下：

(1)采购成本是企业成本控制中的主体和核心部分。对于典型的制造型企业来说，采购成本(包括原材料和零部件)要占产品总成本的60%，如汽车行业的采购成本约占一辆车成本的80%。若采购价格过高，则产品成本也高，就会影响产品的销售和利润；若采购价格过低，则可能采购的物料品质很差，影响产品的品质，从而使产品不具备市场竞争力。由此可见，采购成本直接影响企业最终产品的定价和企业的利润，良好的采购将直接增加企业的利润和价值，有利于企业在市场竞争中获得优势。

(2)合理采购对提高企业竞争能力、降低经营风险具有极其重要的作用。一方面，合理采购能保证经营资金的合理使用和控制，可提高资金的使用效率；合理的采购数量与适当的采购时机既能避免销售和其他用料的延期交货，又能降低物料库存，减少资金积压；另一方面，采购部门在收集市场情况时，可以了解市场变化趋势，提供新的物料以替代旧的物料，可达到提高品质、降低成本的目的。

(3)在采购工作中，供应商的选择决定了企业的合作伙伴。供应商应保证物料的顺畅，使本企业不会待料而停工，保证物料品质的稳定，使生产成品品质优良；交货数量的符合，使公司生产数量准确；交货期的准确，保障公司出货期的准确；各项工作的协调，良好的配合，使双方的工作进展顺利。由此来看，选择优秀的供应商是非常重要的。

(4)有利于提高供应链的竞争力。随着经济全球化和信息网络技术的高速发展，全球经济运行方式和流通方式产生了巨大变化，企业采购模式也随之不断发展。在供应链中，各制造商通过外购、外包等采购方式从众多供应商中获取生产原料和生产信息，采购已经从单个企业的采购发展到了供应链上的采购。在供应链中，采购使供应链各节点之间的联系和依赖性进一步增强，对降低供应链运作成本、提高供应链竞争力起着越来越重要的作用。

忽视采购与供应管理将给企业带来严重的问题和不必要的成本，企业可能面临以下问题：

(1)不得不中断所有的正常工作，导致延迟和效率低下。

(2)由于时间紧急，几乎没有或没有机会考虑采购的各种影响因素。

(3)不得不在有限的供应源中寻找资源，因为不能满足应急交付要求的供应商必须退出。

(4)不得不支付过高的价格。面对应急需求时，采购方几乎别无选择，这给了供应商额外讨价还价的机会，供应商也会要求采购方支付满足应急交货而导致加班的费用。

三、采购的利润杠杆效应

采购的利润杠杆效应是指当采购成本降低1%时，企业的利润率将会上升更高的比例。这是因为采购成本在企业的总成本中占据比较大的比重，一般在50%以上，而这个比例远

远高于税前利润率。例如,某公司的销售收入为 5 000 万元,假设其税前利润率为 4%,采购成本为销售收入的 50%,那么采购成本减少 1%,就将带来 25 万元的成本节约,也就是利润上升到了 25 万元,利润率提高了 12.5%。可见,采购的利润杠杆效应十分显著。

四、企业采购供应管理的原则和目标

采购作为企业经营的一个核心环节,是获取利润的重要来源,其在企业的产品开发、质量保证、供应链管理及经营管理等方面起着极其重要的作用。因此,对采购进行管理必不可少。

采购管理是指以采购计划下达、采购单生成、采购单执行、到货接收、检验入库、采购发票的收集到采购结算的采购活动的全过程,对采购过程中物流运动的各个环节状态进行严密的跟踪、监督,实现对企业采购活动执行过程的科学管理。

1. 企业采购供应管理的原则

指导采购供应管理的原则可以归纳为"5R"原则,即适时原则、适价原则、适质原则、适量原则和适地原则。

(1)适时原则。适时原则是指采购时需要准确把握采购时间,尽量实现采购与需求在时间上的无缝对接。采购时间的确定需要考虑采购前置期、采购方式、采购环境及供应商关系等方面因素的影响。

(2)适价原则。适价原则是指采购时应注重价格商谈,市场行情、质量状况、供应商的服务水平,以及期望与供应商的关系等因素均会影响价格商谈。

(3)适质原则。适质原则是指采购的物料必须满足需求的性能和技术要求。供应商的选择对质量的影响至关重要,选择了不同的供应商,即选择了该供应商提供的物料和服务的质量。

(4)适量原则。适量原则是指采购量必须满足需求在数量上的要求。采购量的大小与库存、成本管理有关,需要协调好生产销售顺畅度与资金库存调度之间的关系。

(5)适地原则。适地原则是指将需要供应的物料送达要求的地点,以满足经营或消费需求。

2. 企业采购与供应管理的目标

企业采购与供应管理的目标可以更具体地表述如下:

(1)提供不间断的物料流,以便使整个组织正常运转。

(2)使存货投资和损失保持最小。

(3)保持和提高质量。

(4)发展有竞争力的供应商。

(5)当条件允许时,将所购买的物料标准化。

(6)以最低的总成本获得所需要的物资和服务。

(7)提高公司的竞争地位。

(8)在企业或公司内部与其他职能部门建立和谐且富有生产效率的工作关系。

(9)以尽可能低的管理费用实现采购目标。

五、采购与供应的职能

1. 支撑性职能

迈克尔·波特提出的价值链概念推动着人们对采购与供应职能的重新认识。在波特的价值链模型(图 1-1)中,将采购归纳为辅助增值活动。采购虽然不直接创造价值增值,但是采购为生产、分销等提供了重要的保障。采购职能可能直接负责采购进货和分销物流服务,或者管理这些职能的外包业务,通过实现采购的"五个合适",即确保以合适的价格、采购合适的数量、合适质量的物料,并在合适的地点和合适的时间交付,可以为生产运营及服务活动提供服务。采购职能提供产品与送货信息、营销服务信息、为营销人员提供有关外包要求的建议,从而支持市场营销与销售工作。

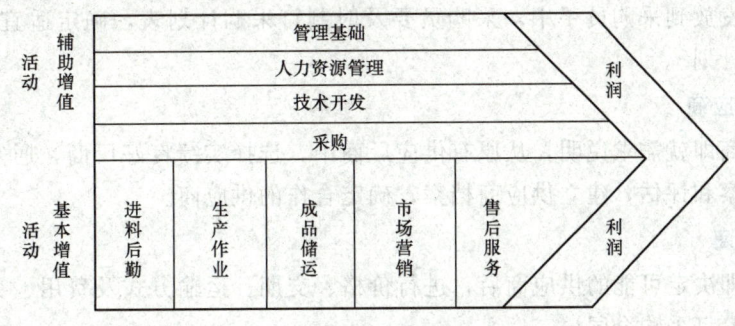

图 1-1 价值链模型

在此背景下,人们对采购与供应的认识不断演进,管理理念越来越趋向于组织功能的整合,以及供应链内部更加紧密的衔接。采购由看作是仅与实物配送相对应的物料管理的一部分的传统做法演变成将其与集成物流相链接,最终与供应链管理相链接。

采购与供应活动在组织的管理中采购也被赋予了更为综合性和战略性的角色:为一些战略决策提供输入,如自制还是外包(或采购)决策、新产品开发决策、供应链开发决策、过程再造决策等。

2. 内部咨询伙伴

(1)采购职能部门为非专业采购人员提供专业指导和建议。在组织内部预算管理部门或采购执行部门中,存在采购活动由"兼职"人员而非采购专业人员负责的情况。"兼职"人员可能需要专业采购人员的指导和建议,以帮助执行部门提升采购绩效。

(2)为跨职能部门提供市场信息和专业知识。在项目开发初期,为缺乏关于采购的专业知识、技能或信息的内部客户提供咨询帮助。例如,项目开发初期采购部门的介入可帮助相关职能部门了解市场及技术发展状况,为预算和成本控制提供帮助。

内部咨询伙伴虽有利于采购部门提升其在组织中的地位、可信性和影响力,但需要多方面的支持,组织的结构、高层管理者和组织文化等需要支持跨职能的信息与技术共享,同时,组织应认识到专业知识技能的价值。

六、采购的基本业务工作流程

采购的一般业务工作流程如图 1-2 所示。

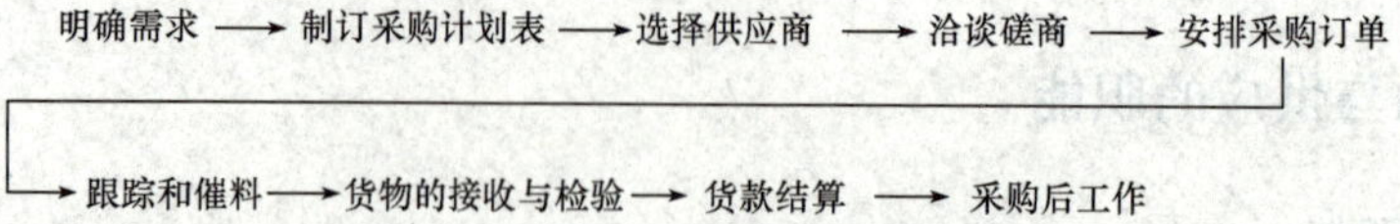

明确需求 → 制订采购计划表 → 选择供应商 → 洽谈磋商 → 安排采购订单

跟踪和催料 → 货物的接收与检验 → 货款结算 → 采购后工作

图 1-2　采购的一般业务工作流程

采购作业基本步骤要求如下。

1. 明确需求

明确需求即在采购之前，应先确定购买哪些物料？购买多少？何时购买？由谁决定等。对需求的细节如品质、包装、售后服务、运输及检验方式等，均须加以明确说明，以便来源选择及价格谈判等作业能顺利进行。

2. 制订采购计划表

制单按序发放到采购员手中，采购员要及时制订采购计划表，确定适宜的采购时间，按时完成采购计划。

3. 选择供应商

选择供应商即就需求说明，从原有供应厂商中，选择实绩良好厂商，通知其报价。对供应商进行考察和评估，建立供应商档案，确定合作的供应商。

4. 洽谈磋商

洽谈磋商即决定可能的供应商后，进行价格、交期、运输方式及费用、交货地点、保险等的谈判；签订采购合同。

5. 安排采购订单

根据生产需求，向供应商下达采购订单。

6. 跟踪和催料

在下达采购订单之后，及时与供货商沟通确认是否达到交货日期，不能达到者，及时协调，以确定一个合适的交货日期。如确定无法供货时，采购员应及时采取相应的措施对策，具体如下：

(1)与供货商协调得到确定的供货时间；

(2)将此情况及时反映给采购经理，并以 E-mail 的形式告知营业部经理；

(3)查看仓库是否有可以替代的辅料；

(4)从其他供应商处采购。

7. 货物的接收与检验

货物运输到仓库，有仓库收发员清点数量，并与采购员一起验收品质，收发员在规定时间内通知采购员数量是否与制单有差异，以及货物品质等方面的问题。凡厂商所交货品与合约规定不符而验收不合格的情况，应依据合约规定退货，并立即办理重购，予以结案。

8. 货款结算

按照目前国内货物结算的情况来看，大多数采购合同采用银行结算方式。即当事人双方按照合同规定的开户银行、账户名称和账号进行结算。

9. 采购后工作

采购后工作主要包括结案、记录与档案维护等。即凡验收合格付款或验收不合格退货，均须办理结案手续，清查各项书面资料有无缺失，评价采购绩效等；签报高阶层管理或权责部门核阅批示。

凡经结案批示后的采购，应列入档案登记编号分类，予以保管，以备参阅或事后发现问题查考（档案都有一定保管期限的规定）。

采购的流程模式如图1-3所示。

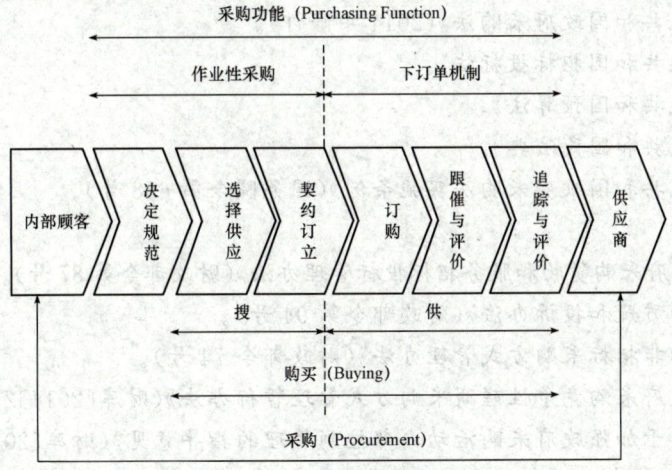

图1-3 采购的流程模式

采购基本流程示例如图1-4所示。

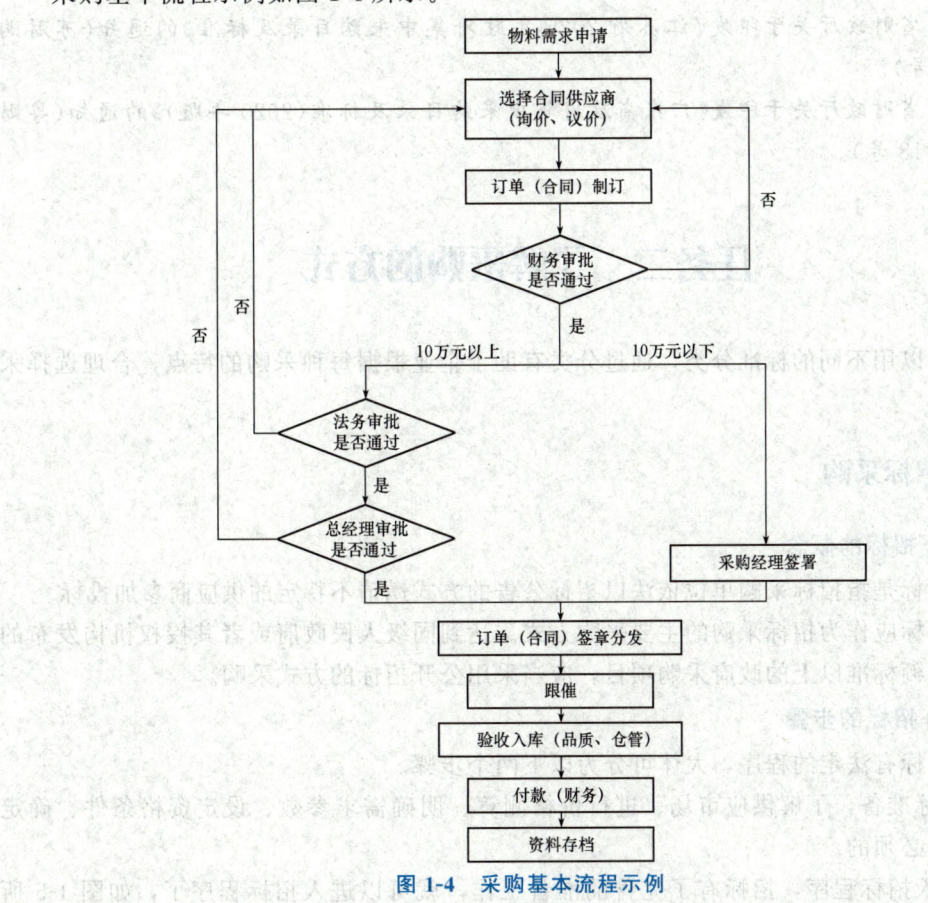

图1-4 采购基本流程示例

知识拓展

采购相关的法律法规

(1) 法律法规：

① 《中华人民共和国政府采购法》(2014年修订)。

② 《中华人民共和国招标投标法》。

③ 《中华人民共和国预算法》。

④ 《中华人民共和国民法典》。

⑤ 《中华人民共和国政府采购法实施条例》(国务院令第658号)。

(2) 部门规章：

① 财政部《政府采购货物和服务招标投标管理办法》(财政部令第87号)。

② 《政府采购质疑和投诉办法》(财政部令第94号)。

③ 《政府采购非招标采购方式管理办法》(财政部令74号)。

④ 财政部《政府采购竞争性磋商采购方式管理暂行办法》(财库〔2014〕214号)。

⑤ 财政部《关于加强政府采购活动内部控制管理的指导意见》(财库〔2016〕99号)。

(3) 各省、厅、部门出台的规范性文件：

① 湖北省财政厅关于印发《湖北省省级政府采购工作规程》的通知(鄂财采规〔2022〕2号)。

② 江苏省财政厅关于印发《江苏省2025年政府集中采购目录及标准》的通知(苏财购〔2024〕150号)。

③ 广东省财政厅关于印发《广东省政府集中采购目录及标准(2020年版)》的通知(粤财采购〔2020〕18号)。

任务二　了解采购的方式

采购可以用不同的标准分类，通过分类有助于企业根据每种采购的特点，合理选择采购方式。

一、招标采购

1. 公开招标的概念

公开招标是指招标采购单位依法以招标公告的方式邀请不特定的供应商参加投标。

公开招标应作为招标采购的主要采购方式。达到同级人民政府或者其授权机构发布的公开招标数额标准以上的政府采购项目，应当采用公开招标的方式采购。

2. 公开招标的步骤

公开招标有法定的程序，大体可分为以下两个步骤。

(1) 招标准备：了解供应市场、进行价格测算、明确需求参数、设定资格条件、确定评分标准是必须的。

(2) 进入招标程序：招标有了完善的准备工作，就可以进入招标程序了，如图1-5所示。确定中标人后，就可以签订合同了，但不要忘记：必须在 30 天内签订合同，而且要及时备案。

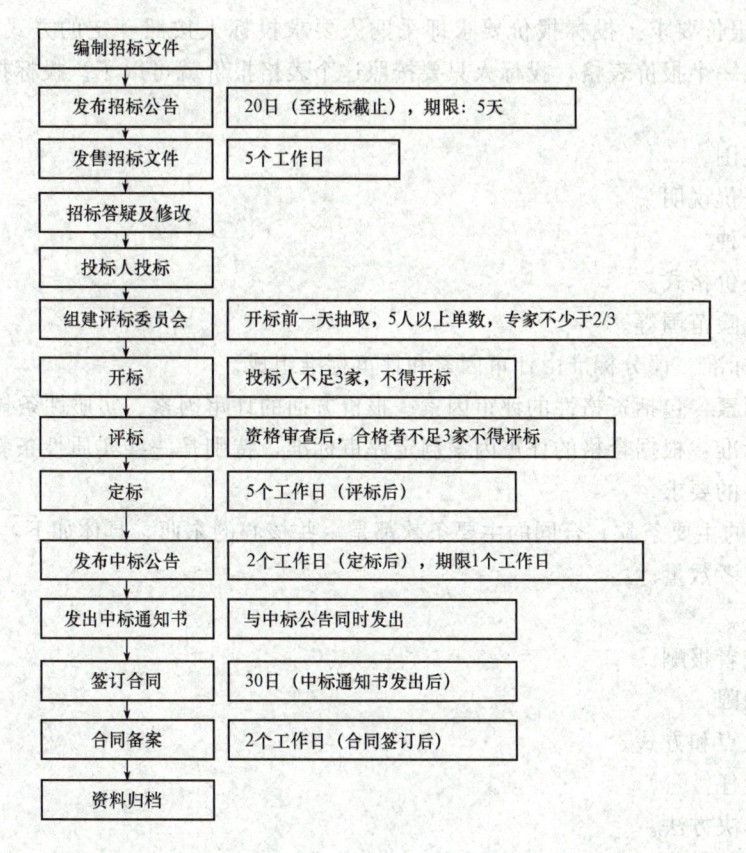

```
编制招标文件
    ↓
发布招标公告 ── 20日（至投标截止），期限：5天
    ↓
发售招标文件 ── 5个工作日
    ↓
招标答疑及修改
    ↓
投标人投标
    ↓
组建评标委员会 ── 开标前一天抽取，5人以上单数，专家不少于2/3
    ↓
开标 ── 投标人不足3家，不得开标
    ↓
评标 ── 资格审查后，合格者不足3家不得评标
    ↓
定标 ── 5个工作日（评标后）
    ↓
发布中标公告 ── 2个工作日（定标后），期限1个工作日
    ↓
发出中标通知书 ── 与中标公告同时发出
    ↓
签订合同 ── 30日（中标通知书发出后）
    ↓
合同备案 ── 2个工作日（合同签订后）
    ↓
资料归档
```

图 1-5　公开招标的步骤

3. 招标文件的编制

（1）招标文件的基本构成。
①招标公告或者投标邀请书。
②投标人须知。
③评标标准和方法。
④合同条款。
⑤技术要求，包括图纸、技术标准、规格及要求等。
⑥投标文件格式。
⑦其他要求投标人提交的材料和表格等。

（2）招标文件的技术要求。招标文件的技术要求是标的履行需要遵循的技术规范，是标的履行过程及质量要求等方面的准则和标准。招标文件的技术要求一般包括以下两部分。
①国家强制性标准、规范、规程和规定。
②界定标的范围、技术参数和指标、工艺流程和验收标准的技术文件。

（3）资格审查标准。资格审查标准即审查潜在投标人或者投标人必须满足的资格条件，一是国家对投标人的资格要求；二是招标人按照项目特点和实际需要在资格预审文件或者招标文件中对投标人提出的资格要求。

（4）投标报价要求。投标报价要求即采购人要求投标人按照一定的方式规范来报价，他往往会提供一个报价表格，投标人只要按照这个表格报价就可以了。投标报价要求一般包括以下事项：

①报价范围。
②投标报价说明。
③报价币种。
④投标报价格式。
⑤报价风险范围等。

（5）评分标准。评分标准由评审因素和评审标准组成。
①评审因素：包括资格性的评审因素、报价方面的评审因素、实质性条款等因素。
②评审标准：根据合格的评审因素制定评审标准，特别是一些实质性条款和条件必须满足招标文件的要求。

（6）合同的主要条款。合同的主要条款都是一些核心的东西，具体如下：
①标的或者数量。
②质量。
③价款或者报酬。
④履行期限。
⑤履行地点和方式。
⑥违约责任。
⑦争议解决方法。
⑧其他合同主要条款。

二、竞争性谈判采购

竞争性谈判采购是指采购人或采购代理机构按照规定的程序通过与符合项目资格要求的供应商就谈判文件进行谈判，最后确定成交供应商的采购方式。

符合下列情形之一的政府采购项目，可以采用竞争性谈判方式采购：

（1）招标后没有供应商投标或者没有合格标的或者重新招标未能成立的。
（2）技术复杂或者性质特殊，不能确定详细规格或者具体要求的。
（3）采用招标所需时间不能满足用户紧急需要的。
（4）不能事先计算出价格总额的。

竞争性谈判采购的优点是所需时间短、费用少，采购人主动性大；缺点是采购人有较强的主动权，谈判和评标过程难以控制，极易滋生权钱交易的腐败和不公正行为。

确定了成交供应商后，就可签合同了，但不要忘记：必须在 30 天内签订合同，而且要及时备案。